Saul Ascher

Skolien, oder Fragmente der Philosophie und der Kritik

Saul Ascher

Skolien, oder Fragmente der Philosophie und der Kritik

ISBN/EAN: 9783744629898

Hergestellt in Europa, USA, Kanada, Australien, Japan

Cover: Foto ©Thomas Meinert / pixelio.de

Weitere Bücher finden Sie auf **www.hansebooks.com**

Skolien

oder

Fragmente der Philosophie

und

der Kritik

von

S. Ascher.

Vulius addictus jurare in verba magiftri,

Horat.

===

Berlin, 1790.

Bei Carl Wilhelm Meyer, Buchhändler.

Vorbericht.

Folgende Fragmente haben ihre Entstehung vielmehr einer fortschreitenden Lekture,
als einem vorsetzlichen Entwurfe zu verdanken. Dies wird der Leser vorzüglich an
der raphsodischen Manier der Bearbeitung,
an den bald abgerissenen und plötzlich wieder angeknüpften Faden der Ideen bemer-

ken

ken können. Ich wünschte daher, daß
man sie, wie sich Lessing irgendwo ausdrückt,
eher für Anmerkungen zu einem Buche,
als ein Buch selbst halte.

Will mir aber dennoch der aufmerksame
Leser eine kleine Methode, die ich bei der
Folge meiner Ideen beobachtet haben soll,
aufdringen; so wird es freilich eines theils
schmeichelhaft für mich sein, auch für das
Zeitalter geschrieben zu haben, das der liebe
Hemsterhuis das mathematische nennt.

Weder aber in dieser Rücksicht, noch
um sie als gelehrte Untersuchungen zu karakterisiren, habe ich folgende Aufsätze zugleich Skolien genannt. Sondern, da
die Griechen auch unter diesem Worte ein
Werk

Werk der Muſe verſtanden haben; ſo habe ich jene, da ſie vorzüglich Reſultate der müßigen Stunden ſind, die mir meine anderweitige Berufsgeſchäfte übrig laſſen, daher mit Recht, und ohne einigen Schein von Eigendünkel zugleich als Skolien, oder Abmüßigungen den Leſer vorlegen können.

Wenn man aber nach der Abſicht fragen wollte, die ich bei der Herausgabe folgender Fragmente habe; ſo könnte ich Sonderling genung ſein, keine anzugeben. Allein um einer gewiſſen Sarkasme ihre Schärfe zu nehmen, muß ich dennoch mit einer Abſicht den neugierigen Leſer vorgreifen: nehmlich, daß ich meine Fragmente deshalb öffentlich bekannt mache, um das Vergnügen zu haben, ſie gedruckt zu ſehen.

* 3   Ich

Ich mag nun selbst nicht entscheiden,
in wiefern sie der öffentlichen Bekanntma-
chung verdienen. Allein bei dem Kenner
muß ich mit jener schwierigen Zeile im Horaz entschuldigen

Difficile est proptic comunia dicere.

Es ist nehmlich, wie ich sie zu meinem
Behufe jetzt erkläre, schwer, über Gegenstände, die so häufig, selbst von den scharf-
sinnigsten und größten Männern abgehan-
delt worden, etwas Eigenthümliches und
Neues zu sagen.

Eben deshalb muß ich aber als Dilet-
tant vorläufig um Entschuldigung bitten,
wenn man finden sollte, daß ich mit diesen
Män-

Männern nicht allezeit einerlei Meinung
bin. Und da ich mich als ein solcher, dem
das Schicksal nicht die Schriftstellerei zum
eigentlichen Berufe angewiesen, am nächsten eines Irrthums fähig halte; so werde
ich einer jeden bescheidenen Erinnerung von
Kennern mit Vergnügen Gehör geben, um
sie bei Gelegenheit nützen zu können. Und
ihr Urtheil soll es auch nur entscheiden: ob
ich es wagen darf, den übrigen Theil meiner Ideen dem Drucke zu übergeben.

Meine Vorerinnerung mag vielleicht
nach Sitte und Brauch jetziger Zeit, schon
allzulang gerathen sein. Ich schließe sie
daher mit folgenden zweien Erinnerungen
an die rüstigen Kunstrichter unsrer Zeit. —
Erstens; mich nicht als einen renomisti-

* 4   schen

schen Streiter, der mit seiner Tartsche ab-
sichtlich irgend wohin zielt, sondern als einen Spaziergänger zu betrachten, der seinen Stab unvorsetzlich aufhebt, und ihn
blos an einen Baum oder Grashalm ab-
schlägt. Und Zweitens: mich nicht in die
Nothwendigkeit zu versetzen; nach neuem
eingeführten Kostüme eine Antikritik schreiben zu müssen.

Der Verfasser.

Inn-

Innhalt.

I.

Seite

Allmählige Bildung des menschlichen Geistes. Sinnliches sittliches und vernünftiges Gefühl.   1

II.

Sinnlicher Zustand. — Nähere Untersuchung der verschiedenen Verhältnisse menschlicher Kräfte, directe und indirecte Eindrücke. Daraus hergeleiteter Unterschied von Eindruck und Vorstellung. Etwas über die Erklärung aller unsrer Modifikationen aus der Mechanik der Nerven. Ursprung der Begriffe.   13

* 5   IV.

III.

Sittlicher Zustand. Sieht nur auf objective Erkenntniß. Ursache seiner Verschiedenheit. Mannigfaltigkeit
desselben.   23

IV.

Grösserer Werth der sittlichen Erkenntniß. Wird er-
wiesen aus einer Theorie des Absichtlichen in der Natur,
aus dem Ursprung des Gedächtnisses und der Bildung
aesthetischer Kenntnisse, endlich aus ihrem moralischen
Nutzen.   28

V.

Speciellere Untersuchung des sinnlichen Gefühls.
Empfindung, Trieb, sinnliche Lust oder Begierde. Kör-
perliches Vergnügen und körperlicher Schmerz. Eine
Theorie des sinnlichen Vergnügens wird widerlegt. Nähere Bestimmung derselben wird entkräftet   37

VI.

Nähere Entwickelung des sittlichen Gefühls. Bewegung, Neigung und Leidenschaft. Einwurf gegen die
bisherige Theorie des geistigen Vergnügens. Nähere
Bestimmung des Ursprungs des geistigen Vergnügens

und

Seite

und des geistigen Schmerzes. Anmerkung über einen
Schriftsteller. Ursache der Glückseligkeit eines Weisen.   50

VII.

Ein Einwurf bekräftigt die vorgetragene Theorie des
geistigen Vergnügens. Bestimmung der Seele in Vorstellung und Ideen. Bewegungen. Ihre Natur, Beschaffenheit und Ursache. Reine und vermischte, Angenehme und unangenehme.   63

VIII.

Mannigfaltigkeit und Fruchtbarkeit der angenehmen
Bewegungen. Ihr Einfluß auf unsere Sittlichkeit, auf
die Werke der Kunst. In welchem Werke der Dichter
angenehme Bewegungen zu erregen suchen soll. Warum
unangenehme Bewegungen auf unsere Sittlichkeit keinen Einfluß haben. Anwendung dieser Beobachtung auf
Poesie, Tonkunst und Mahlerei.   74

IX.

Eintheilung der angenehmen Bewegungen in ergö-
zende, erquickende und belustigende; der angenehmen
Gegenstände in große, schöne und kleine. — Mannig-
falti-

Seite

faltige Urfachen der ergötzenden Bewegungen. Erhabene, große und edle Gegenftände. 90

X.

Nähere Entwickelung des Erhabenen. Es erregt in uns Ehrfurcht. Es gefällt uns nicht durch Verglei-chung, sondern vermittelft feiner Natur. Wo Ehrfurcht in Furcht fich verwandelt. Das Erhabene fetzt uns in Bewunderung. Es muß mehr Intenfives als Extenfi-ves haben. Erklärung deffelben. Maas des Erhabenen. Es muß fich vermittelft der Bedeutung zeigen. Was Bedeutung ift. 95

XI.

Vom Großen. Es fetzt uns in Verwunderung. Ihr Unterfchied von Bewunderung. Jenes gründet fich entweder auf Neugierde oder Eigenliebe. Wie bei-de in uns die Joee des Großen und Wunderbaren ent-wickeln. 106

XII.

Seite

Wie aus den Neuen und Unerwarteten das Wunderbare entsteht. Nähere Entwickelung des Wunderbaren. Wie wir es uns vorstellen. Von dem Wunderbaren in der Kunst. Körperliche Größe ist das Mittel dazu. Beispiele aus verschiedenen Dichtern. — Das Abentheuerliche. Wir wundern uns blos darüber. Worin wundern von verwundern und bewundern verschieden ist. Erklärung des Abentheuerlichen.   112

XIII.

Nähere Bestimmung des Großen. Wir schätzen einen großen Gegenstand nach dem Grade als er unsern Werth übertrift. Wir haben in unserm gebildeten Zustand mehr Sinn für ihn. Erklärung des Eingangs einer Epistel des Horaz. Das Große wirkt ebenfalls mehr durch Extensität. Anwendung desselben in der Kunst. — Unterschied und Erklärung des Wunderbaren und Großen.   124

XIV.

Ueber Kontrast und Progreßion. Beide werden näher bestimmt. Ein Schriftsteller wird getadelt. Pro-

Seite

greſſion vermag mehr das Erhabene, Kontraſt mehr das
Große darzuſtellen. Anwendung beider in der Poeſie
und Mahlerei, wird in Rückſicht verſchiedener Werke
der Kunſt erläutert.   134

XV.

Entwickelung des Edlen. Erweckt in uns Hochachtung. Wie es ſich uns darſtellt. Vereinigung deſſelben mit Erhabenheit und Größe. Wo es vorzüglich zu
finden iſt. Erklärung deſſelben. Anwendung deſſelben
in der redenden und bildenden Kunſt. Unterſchied zwi-
ſchen ein Gefühl für das Edle haben, und wirklich edel
ſein. — Schlußbetrachtung über die ergötzende Bewegungen.   149

XVI.

Erquickende Bewegungen. Ihr Eigenthümliches.
Entſtehen durch das Schöne. Wir finden bei ihnen keine Modifikation, ſondern bloße Gradation. Wie die
Idee vom Schönen ſich entwickelt. Wodurch ſie verfeinert wird. Wenn man Gegenſtände ſchön nennt.
Wie ſie beſchaffen ſein müſſen. Baumgartens Erklärung

rung der Schönheit wird gerettet. Wie ihre Gesetze
entstanden. Eintheilung der schönen Gegenstände in
prächtige, schöne und reizende.

160

XVII.

Das Prächtige. Es setzt uns in Entzücken. Wie
dieses sich auf unserm Aeusseren zeigt. Eigenschaft und
Wirkung des Prächtigen. Anwendung desselben auf
Werke der Kunst erfodert viel Geschmack. In dieser
Rücksicht einige Anmerkungen und Betrachtungen über
die italiänische Opern. — Entwickelung des Feierli-
chen. Erregt uns Andacht. Wie das Prächtige und
Feierliche auf Werke der Kunst anzuwenden sei.

185

XVIII.

Objectiver Unterschied des eigentlich Schönen vom
Prächtigen. Jenes erregt uns die Bewegung der
Wonne. Ihr Unterschied vom Entzücken. Wie sie
sich auf unserm Aeussern zeigt. Das Schöne will
betrachtet sein. Wie das Wahre selbst beim gebildeten

Men-

Seite

schen zum Schönen übergeht. Es befördert unser sitt-
liches Gefühl. Es erscheint nie abgesondert von andern
Eigenschaften. Urſache davon. Worin die gewöhnliche
Zergliederung der Schönheit besteht.   191

1.

Skolien

oder

Fragmente der Philosophie

und

der Kritik.

Erster Theil.

I.

Die menschliche Erkenntniß ist durch eine solche verwickelte Zusammensetzung entstanden, daß es dem Beobachter schwer wird, sich in derselben eine Ordnung zu denken. Sie gleichet einem dädalischen Labyrinthe, wo die viele Ein- und Ausgänge verwirren. Und die verschiedene Wege, die diejenige haben einschlagen können, welche darüber nachgedacht, den Faden derselben zu verfolgen, sind ein Beweis davon. — Auch ich wage es den Fortschrit, und den Gang der menschlichen Erkenntniß im allgemeinen hier zu entwickeln, um einen Faden zu haben nach welchem ich meine folgenden Untersuchungen reihen kann, doch ohne bestimmt zu wissen: ob der Weg den ich genommen schon von andern betreten worden oder nicht.

Das sinnliche Gefühl und die Vernunft, müssen als die ersten Linien der menschlichen Erkenntniß angesehen werden. Dies sind die Mittel mit den der Mensch, in seinem primitiven Zustande, wo er erst

zu

zu wirken anfangen soll, versehen ist. Er besitzt Sinne die die Eindrücke der Gegenstände annehmen, und
Vernunft sich solche zu denken. Allein, welchen Grad
von Thätigkeit haben in diesem Zustande seine sinnliche und vernünftige Kräfte erreicht?

Der Mensch besitzt Sinne und Vernunft. Die
Eindrücke die er durch jene erhält, führen die Vernunft auf den Weg des Denkens. Allein selbst jene
Eindrücke der Gegenstände auf die Sinne sind so mannigfaltig, daß die Vernunft selbst nicht auf Deutlichkeit sehen kann. Die Vernunft muß daher mit mehreren dunkeln Ideen versehen werden. Sie hat kein
Mittel wodurch sie sich die Eindrücke analysiren
kann. Sie muß sie so nehmen, wie sie selbige von
den Sinnen erhält. Die Eindrücke aber welche die
leztern erhalten, sind von so mannigfaltigen Gestand-
theilen, daß es der Vernunft unmöglich fällt, hierin
einen Ausweg zu finden. Die Vernunft muß sich also
mit diesen dunkeln und mannigfaltigen Ideen beschäftigen. Die Vernunft befolgt ihre Funktion genau.
Sie führt den Mensch auf den Weg des Denkens,
allein gewiß nicht auf den Weg der Erkenntniß. Welcher Abstand ist aber nicht zwischen Denken und erkennen! *)

Der

*) Es ist keine leere Hypothese wenn man behauptet: Daß
so wie bei gebildeten Nationen die sinnliche Kräfte oft

der

Der erste Zustand des Denkens also setzt eine Verschiedenheit in der Denkungsart der verschiedenen denkenden Wesen voraus. Ein jedes bildet sich in seiner
Vernunft ein anders System, welches ohnfehlbar die
Dunkelheit und Mannigfaltigkeit der Eindrücke bewerkstelligen muß. So aber nicht die Sinne. Einer
und eben derselbe Eindruck wird einem jeden Wesen,
von einem Gegenstande überliefert. Das was einem
schmeichelt ist einem jeden angenehm, das was einem
Schmerz verursacht muß ein jeder verabscheuen. Es
ist im primitiven Zustande der Menschen gegründet, daß
sie ein gleichsam ähnliches Gefühl haben müssen. Die
Verschiedenheit die nun darin entstanden, hat eher
ihren Ursprung der Vernunft zu danken. Die Vernunft wird durch die Sinne angebauet, sie wird durch
sie gebildet. Vermöge ihrer, durch jene erlangte
Mittel, urtheilt, schließt und entscheidet sie. Sie
setzt fest was nach ihrer Einsicht Recht oder Unrecht
ist. Sie schreibt dem Gefühle Gesetze vor, die eben
so verschieden seyn müssen je nachdem die Einsicht der
Vernunft verschieden ist.

A 3

Diese

der Entwickelung der Vernunft schaden, so schadet im
Gegentheile wieder bei rohen Völkern die Vernunft der
Entwickelung der sinnlichen Kräfte. Vielleicht habe ich
Gelegenheit, diese Idee an einem Orte näher auseinan-
der zu sehen.

Diese Verschiedenheit im Denken, und diese Einheit im Gefühle, muß vielmehr unsrer ganzen Bildung Einhalt thun. Auf welcher niedrigen Stufe würde die Kunst des Virtuosen stehen, wenn er uns eine Reihe Töne nur könnte hören lassen, ohne den Unterschied der Con, und Dissonanzen bemerken zu können? Ohne einen Faden zu haben, nach welchem er die Reihe seiner Töne in einer gewissen Harmonie zur Bildung einer Melodie ordnen könnte? — Was würde ein Mahler leisten können, wenn sich seine Kunst, mit lauter, graden, gleichlaufenden Linien sollte behelfen müssen? Wenn er die Wellenlinie eines Hogarths und dergleichen, sollte aufopfern, und die verschiedene Mittel sollte entbehren müssen, die die Vollkommenheit seiner Kunst befördern? Ohnfehlbar würde sich die Thätigkeit unsrer Kräfte auf eben einer solchen Stufe befinden, wenn die Vernunft ohne Faden, und die Sinne ohne Mannigfaltigkeit wären.

Vernünftige Erkenntniß ist also nicht im primitiven Zustande des Menschen gegründet. In diesem Zustande ist der Mensch ein getrenntes Wesen. Die Sinne führen ihn einen andern Weg, und die Vernunft führt ihn einen Weg. Durch die Sinne, deren Wirkungen zu künftigen Materialien der Erkenntniß dienen sollen, fühlt er seinen Zustand, durch die Vernunft, die einen verkehrten Gebrauch von diesen Ma-

teria-

terialien macht, denkt er sich seinen Zustand. — Die
Vernunft wird mit mehreren sinnlichen Eindrücken
überschwemmt. Sie bemeistern sich des Menschen,
er folgt diesen Eindrücken. Hierdurch wird das Ziel
seiner Erkenntniß stets begränzt, und sein sinnliches
Gefühl stets bestärkt.

Die Ausdehnung seines Sinnenvermögens, das
nun gewisse Bestimmungen erhält, verliehrt sich in
Einheit. Er fühlt nur das Gute und Böse. Er wird
dadurch näher gebracht mit dem was gut für ihn ist,
und er vermeidet das was ihm Schmerz verursacht.
Er fängt an das Gute zu verlangen, und das Böse
zu verabscheuen. Es entwickeln sich in ihm Begierden, Triebe, die seine ganze Maschiene leiten, und
die Vernunft modificirt sich hieraus Ideen, die eben
so vom Gegenstande abweichen, als sie noch von ihrer Bestimmung abweicht. Kurz, der Mensch aus
diesem Gesichtspunkt betrachtet, der so empfindet und
denkt, befindet sich im primitiven Zustande, das ist;
der Zustand des sinnlichen Gefühls.

Allein höhere Absichten hat die Natur mit dem
Dasein des Menschen verknüpft. Sie hat ihn zu einem höheren Zwecke bestimmt, und die Mittel die sie
ihm deshalb verliehen, müssen einer nähern Entwickelung entgegen sehen.

A 4 Wenn

Wenn alle unsere Kräfte in einer gewissen Harmonie sind, wenn eine jede derselben diejenige Thätigkeit übt, die nicht zum Nachtheile einer andern ge-
reicht, so ist unsere sinnliche und geistige Beschaffenheit im vollkommensten Zustande. Wenn unsere Kräfte
isolirt sind, wenn die eine sucht die andere zu verdrän-
gen, wenn sie in ewiger Empörung gegen einander
sind, so ist unser sinnlicher und geistiger Zustand der
elendeste. Nur das genaue Verhältniß unfrer Kräfte,
und ihre gegenseitige Harmonie, befördert unsere
Glückseligkeit, und wir werden dadurch unsrer Bestimmung und Vollkommenheit näher gebracht.

Die Natur hat auch in der That diese Harmonie
unserm Wesen angeschaffen. Allein der Mensch genießt sie nicht in seinem primitiven Zustande, und
kann sie alsdenn nicht genießen. Seine Kräfte werden nicht zugleich in Thätigkeit gesetzt, zu einer jeden
von ihnen wird eine gewisse Zeit erfodert, um sie in
Gang zu bringen. „Ein Kind“ sagt Herder „unter-
liegt zuerst dem tausendfältigen, tiefen, unermeßli-
chen Weltall, ehe sich die Bilder vom Auge rücken,
von einander sondern und Ideen werden. Erst durch
viel Unschicklichkeit, rohangewendeter Kräfte, lernt
der Ringer mit Gleichmaas kämpfen und überwin-
den.“ *)

Durch

*) Ursachen des gesunt. Geschmacks bei versch. Völkern.
S. 63.

Durch diesen Aufenthalt muß ohnfehlbar die Un-
gleichförmigkeit im ersten Zustande des Menschen entstehen. Sein Geist wird nur durch einzelne Kräfte
unterstützt, und er muß bei einer jeden Handlung eine
gewisse Leere empfinden, zu der noch eine gewisse Kraft
erfodert wird, die noch nicht in Thätigkeit versetzt
worden ist. Und daher kann es entstehen, daß gewisse
Kräfte sich entgegen arbeiten. Wie es sich denn wirklich im primitiven Zustande des Menschen so verhält,
wo die Sinne der Vernunft entgegen arbeiten, und
die Vernunft den Sinnen entgegen arbeitet.

In jenem Zustande des sinnlichen Gefühls denkt
also der Mensch anders als er fühlt. Sinne und Vernunft wirken in beständiger Trennung. Endlich erreicht die sinnliche Thätigkeit ihr Ziel, und die Vernunft fängt an die sinnliche Eindrücke zu analysiren.
Sie treten also näher zusammen, und bilden eine gewisse Harmonie, wodurch das Bewußtsein unsers Gefühls vom Bewußtsein unsrer Vernunft nicht getrennt
wird. Das heißt, die Vernunft ist sich desjenigen bewußt, was ihr von dem Sinnen eigentlich vorgestellt
wird. Diese Trennung seines äussern und innern Zustandes muß ohnfehlbar geschehen, wenn die Kräfte
selbst getrennt sind. Allein wenn diese Kräfte vereinigt sind, kann er sich ein eigenes Bewußtsein bilden:
das Bewußtsein seiner selbst. Dadurch wird er fähig:
Betrachtungen über sich selbst, über sein Verhältniß

gegen

gegen andere Dinge, über seine Bestimmung, und
über die verschiedene Mittel zur Beförderung seines
gebildeten Zustandes anzustellen.

Dieser Grad von Thätigkeit, der durch die Vereinigung der Vernunft und der Sinne entwickelt
wird, führt ihn so weit, daß er fähig wird: sein Wesen bestimmt von anderen Wesen zu unterscheiden,
den Gegenstand wodurch er einen Eindruck erhält von
seinem Selbste zu trennen, und kurz, sich ein Bewußtsein zu verschaffen, wodurch er die Idee seines Selbstes realisirt, und sich daraus ein Ich bildet.

Der Mensch ist nun zum Zustande des Bewußtseins
seines Selbstes übergegangen. Bisher war er blos
im Besitze des sinnlichen Gefühls, allein nun ist er
auch im Besitze der Empfindung. Das Empfindungs-
vermögen bildet sich durch Vereinigung des sinnlichen Gefühls mit der Vernunft, worinn das eigentliche Bewußtsein besteht. Im Zustande der Empfindung trennt der Mensch den vorgestellten Gegenstand,
von dem durch ihn erhaltenen Eindruck. Er empfindet alsdenn das Verhältniß des äussern Gegenstandes
mit sich selbst Die Erkenntniß dieses Verhältnisses
versetzt ihn im Zustande des sittlichen Gefühls.

Die Vernunft erhält nun die Eindrücke die die Sinne erhalten. Sie beschäftigt sich daher nur mit dem
was

was ihr die Sinne zuführen. Sie analyſirt die Mannigfaltigkeit eines jeden Eindrucks. Eine jede Anzahl
ſinnlicher Eindrücke führt ihr einen neuen Grad von
Thätigkeit zu. Die Vernunft die ſonſt beſchäftigt iſt,
aus der Zahl von Eindrücken neue Ideen zu entwik-
keln, iſt jetzt nur beſchäftigt die gegenwärtigen, die
ihr von den Sinnen zugeführt werden, zu entwickeln
und zu erkennen. Dadurch erhält ſie einen gewiſſen
Faden ihrer Thätigkeit. Sie denkt nur das was ſie
empfindet.

Die weſentliche Thätigkeit der Vernunft muß dadurch abermals geſtört werden. Sie gewöhnt ſich oft
an dieſer Art des Denkens, und bleibt bei dieſem
Punkte ſtehen. Hat ſie aber alle Empfindungen analyſirt und geordnet; ſo folgt ſie oft nicht blos dem
Eindrucke, ſondern ſie ſtellt auch eine Wahl in den
Empfindungen an. Sie giebt uns zu erkennen, welchem Eindrucke wir folgen ſollen. Sie billigt nicht
wie es iſt, ſondern wie es ſein ſoll. Die Vernunft
betrachtet alſo nicht blos den Gegenſtand, ſondern
auch die Folgen die ſein Eindruck für uns haben
kann. Sie will nicht empfinden, ſondern erkennen. —
In jenem Zuſtande gleicht die Operation der Vernunft einem Mahler, der die Theile des Menſchen
nur von auſſen, im Zuſammenhange betrachtet, allein in dieſem gleicht ſie einen Phyſiologen, der
den Gebrauch, den Nutzen, und die Nothwendigkeit

keit eines jeden Gliedes am menschlichen Körper
erwägt.

Diese letztere Operation geschieht, wenn der Eindruck eines Gegenstandes auf die Seele wirkt. Sie
hat alsdenn die Fähigkeit den Gegenstand zu analysiren, einen jeden Theil besonders zu betrachten, sie
gegen einander zu vergleichen, ihre Wirkung zu bestimmen, und zu urtheilen, ob sie mit unserm Zustande übereinstimmen oder nicht. Die Erkenntniß
dieser Uebereinstimmung setzt den Mensch in Zustand
des vernünftigen Gefühls.

II.

Nachdem ich die verschiedene Perioden angegeben, die der menschliche Geist durchwandern muß, um diejenige Stufe zu erreichen, auf welcher er jetzt steht, will ich mich nun zur nähern Entwickelung der Verschiedenheit der Kräfte selbst, der Verschiedenheit ihrer möglichen Verhältnisse, und der Verschiedenheit der daraus entstehenden Erkenntnisse, wenden.

Wir haben gesehen daß jenes dreiartige Verhältniß der menschlichen Kräfte, nehmlich: der sinnliche, sittliche und vernünftige Zustand, zu seiner fortgehenden Bildung höchst nöthig ist. Er befindet sich in einem von jenen Zuständen, wenn die hierzu erforderliche Kräfte in Thätigkeit sind, und die Natur hat dafür gesorgt, zu einer jeden Erkenntniß, ein besonderes Verhältniß seiner Kräfte zu veranstalten.

Es ist aber ausgemacht daß die Kenntnisse die der Mensch in jedem Zustande einsammelt, eine gewisse

Thä

Thätigkeit so wohl seiner körperlichen als geistigen
Natur erfodere, um ihn dazu zu verhelfen. Ich will
es versuchen, sie näher zu entwickeln.

Die beiden Eigenschaften, die mir am ersten in der
menschlichen Natur auffallen ist Gefühl und Empfindung. Jenes äussert sich wenn wir blos mit Eindrük-
ken versehen werden, allein diese eher wir Vorstellungen erhalten. Einen Eindruck erhalten wir aber, weil
unsere körperliche Natur mit einem Vermögen in Verhältniß steht das sie fähig macht selbige anzunehmen,
und eine Vorstellung, weil wir mit einem Vermögen
begabt sind, das fähig ist Vorstellungen hervor zu
bringen.

Man wird hier auf eine gewisse Wendung aufmerksam seyn müssen. Ich sagte nehmlich: wir erhalten nicht einen Eindruck, so wie wir eine Vorstellung haben. Und wenn der Unterschied ihrer formellen Natur es nicht allein festzusetzen vermag, d. h.
wenn man das Eigenthümliche in den Eigenschaften
einer Vorstellung an und für sich nicht von dem eines
Eindruckes zu unterscheiden vermag; so können wir
den Unterschied auch in ihrer reellen Natur suchen.
Indem ich nun den reellen Unterschied von Vorstellung und Eindruck nachspüre finde ich folgendes Resultat.

Man

Man hat immer die Sinne als Mittel angesehen,
die dem Menschen alle Materialien zu seiner Erkenntniß hergeben. Man hat aber im Menschen stets ein
gewisses Vermögen angenommen, das diese Materialien aufnimmt, sie ordnet, reihet, gewisse Operatio-
nen damit vornimmt, und damit ein gewisses Gebäude aufrichtet. Unter den erstern begrif man seine körperliche und unter dem letztern seine geistige Natur,
und die Erkenntniß hat man als das Resultat ihrer
beiderseitigen Thätigkeit angesehen. Die Frage mußte
nun entschieden werden: auf welcher Art die Thätigkeit beschaffen war, die eine gewisse Erkenntniß her-
vorbrachte? — Hier war es wo der Psycholog sein
Auge schärfen, wo er sich mit dem genauesten Beob-
achtungsgeiste waffnen mußte.

Zwei Schwierigkeiten setzen sich hier entgegen.
Die Eine: daß alle Materialien unsrer Erkenntniß
eine Quelle haben, nehmlich: die Sinne. Die andere: daß sie jedoch in ihrer reesen Natur so verschieden sind. — Betrachtet man dieses näher so wird
sich finden, daß es in der menschlichen Natur gegründet ist, von einer Ursache verschiedene Wirkun-
wahrzunehmen. Nicht immer ist das Mittel, das
sie sich zu einem erreichten Zwecke bediente, im erreichten Zwecke zu bemerken.

Ich habe die Sinne als Mittel angesehen, die zur
Modifikation unsers Wesens geschaffen sind, oder die
uns

uns in den und den Zustand zu setzen vermögen, als
Mittel, durch die wir eine solche Menge verschiede-
ner Bewegungen erhalten, die uns zu Materialien
unsrer Kenntnisse dienen. In dieser Rücksicht muß
die Thätigkeit der Sinne, indem sie in ihrer Wirkung
so verschieden ist, verschiedene Wendungen nehmen.
— In den Modifikationen die wir durch die Sinne
erhalten, giebt es welche von deren Sinnlichkeit wir
nichts wahrnehmen, und abermals welche die die
Sinnlichkeet beibehalten. Es muß daher ein gewisser Unterschied in ihrer Wirkung statt finden. Dies
verhält sich auch wirklich so.

Ich unterscheide diejenige Eindrücke, die mit
Sinnlichkeit begleitet, und diejenige die geistiger Natur sind, d. h. die wir nicht in unsern Sinnen wahrnehmen, die aber, unsere Seele zu modificiren, fähig
sind. Jenes nenne ich indirecte und dieses directe
Bewegungen. Unter jene begreife ich alle Eindrücke
die durch das Gefühl, und unter diese alle Vorstellungen die durch die Empfindung wahrgenommen
werden. Jene können nicht entstehen, bevor die sinnliche Natur sie nicht entwickelt, allein diese können
nur statt finden, wenn sie durch unsere sinnliche Natur nicht entwickelt werden. Zwar müssen immer die
Sinne als das Mittel ihres Daseins angesehen werden, allein sie entwickeln sich eigentlich in der Seele.
Alle Eindrücke werden also durch Gefühl, und alle
Vorstellungen durch Empfindung wahrgenommen.

Gefühl

Gefühl ist also, wie ich gesagt, wirksam in Gesellschaft unsrer körperlichen Natur. Alle Eindrücke auf
daſſelbe können nie in Vorstellungen aufgelöst werden
Vorstellung ist wirksam an und für sich. Vorstellen ist
ein Grundtrieb der menschlichen Seele, der von den
Sinnen blos unterstützt wird. Alle Modifikationen
die wir uns vorstellen, können sich in Empfindungen verwandeln, wie dieses wirklich geschehen
muß, wenn wir uns ihrer bewußt werden wollen.

Warum ein Eindruck aber nicht in eine Vorstellung übergehen kann, wird aus Folgenden erhellen.
Das Gefühl ist wie gesagt, kein absolutes Vermögen
der Seele, sondern nur ein relatives, in so fern sie die
Modifikation des Körpers unterstützt. Daher sind
zwei Wirkungen der Körper, die wir in ihrer Thätigkeit gegen einander wahrnehmen können, die wir
zu beobachten vermögen, mit der geistigen Natur auf einer Seite homogen, auf der andern aber
heterogen. Alle Wirkungen der Körper geschehen
vermittelst einer conxcessiven und successiven Thätigkeit. Ein Stoß den ein Körper von andern erhält,
hat sein Zugleichseiendes und sein Aufeinanderfolgen-
des. Die Größe und die Dauer des Stoffes wird
daraus berechnet. Dies auf den Eindruck den unser
Körper erhält angewendet; so wird daraus erhellen,
daß er den Eindruck zur Seele nicht anders fortpflanzen kann, als in sofern er auf sie in Zeit und Raum,

B   inso-

insofern er conr: oder succeſſive auf ihre Natur Ein:
fluß haben kann.

Ich ſage aber die conrceſſive Thätigkeit des Kör=
pers iſt zu lebhaft, und die ſucceſſive iſt wiederum
zu einfach für die Seele. Die fortſchreitende und zu=
gleich ſeiende Thätigkeit der Seele hat eben ein gewiſ=
ſes Maas wie die des Körpers, aber in einem andern
Grade.

Die Seele iſt in ihrer conrceſſiven zugleich ſeienden
Thätigkeit zu einfach: denn die Thätigkeit der körperli=
chen Kräfte iſt von ſolcher Beſchaffenheit, daß ein Theil
derſelben, welcher in Bewegung geſetzt wird, zugleich
alle in Bewegung ſetzt, und das gewiſſermaſſen mit
einer ſolchen Lebhaftigkeit, daß ſie unfähig werden den
geiſtigen Kräften dergleichen mitzutheilen. Es iſt die=
ſen unmöglich eine Thatigkeit nach ihrer Methode zu
entwickeln, d. h. dasjenige zu entwickeln was jene
vereinigen. Die Seele wird gezwungen ihre Thätig=
keit aufzugeben, und ſie den Sinnen allein zu über=
laſſen. Wir können nun in dieſem Zuſtande nicht
auf den Gegenſtänden Rückſicht nehmen, ſondern nur
auf den Wirkungen ihrer Eindrücke auf uns ſelbſt.
Die Vorſtellung unſrer Seele mangelt.

Die Seele iſt aber wiederum in ihrer ſucceſſiven
auf einander folgenden Thätigkeit zu lebhaft. Indem
wir

wir nun einen einzigen Eindruck erhalten, so hat die
Wirkung desselben eine gewisse Dauer. Unsere Seele
ist gewohnt, zu beobachten, wahrzunehmen, zu entdecken. Allein hier findet sie leere, fortgehende einfache Wirkung. Sie muß daher ihre Thätigkeit wieder aufgeben, und bildet das Gefühl.

Daher kommt es auch, daß diejenige Sinne in
diesem Zustande am wirksamsten sind, die sich ihrer
Natur und Thätigkeit nach, dieser einfachen Wirkung
nähern. Von der Art ist die Thätigkeit des Geruchs,
Geschmaks und Gefühls. Unsere Seele scheint bei ihnen
gar nicht ihre Thätigkeit zu äussern, und sie ist daher in derselben mit ihnen heterogen. Allein die übrige
Sinne: das Gesicht und Gehör sind wiederum in ihrer Thätigkeit mit ihr homogen, und dies nur deshalb, weil ihre Thätigkeit nicht so zusammengesetzt
und folglich der Eindruk, den sie erhalten nicht so
lebhaft, und das Ziel ihrer Wirkung nicht so einfach ist.
Sie sind daher fähig den geistigen Kräften auch eine
Art von Thätigkeit beizubringen.

Die Wirkung die aus der Größe und der Dauer
eines Eindruks entsteht, ist mit unserm Gefühle in gewissen Verhältniß. Ein jeder Eindruk, den also unsere Sinne erhalten, erregt in uns eine gewisse Modifikation. Die Modifikation die als eine Wirkung betrachtet werden kann, welche aus dem Verhältniß des

Ein-

druks mit den sinnlichen Kräften entsteht, die nur in
einem Falle die richtigste sein kann, und die wir uns daher als sinnlich wahr vorstellen können, nennen wir gut.
Wofern der Eindruck sich mit den sinnlichen Kräften
nicht verhält, muß das Verhältniß, wenn ich mir dieses Ausdrucks bedienen darf, sinnlich falsch sein, und
dann nennen wir die Wirkung bös. Die Erkenntniß
des Guten und Bösen ist also dasjenige, was wir im
Zustande des sinnlichen Gefühls erhalten. Die Sprache
scheint dies auch zu bestätigen. Wir bedienen uns
des Ausdrucks gut oder bös, wenn unser sinnliches Gefühl entscheiden soll.

Aus dem Vorigen erhellt, daß das sinnliche Gefühl
uns mit keinen Vorstellungen versieht. Vorstellungen
sind gewisse Abdrücke von Merkmalen und Eigenschaften der Gegenstände in unsrer Seele, worunter ich die
eigentliche formale Erkentniß begreife. Der Schmerz,
den die Verletzung eines körperlichen Gliedes verursacht, das Vergnügen das unsere Geschmacksnerven
widerfährt, wie ein angenehmes Getränk über ihnen
hinwegrollt, die Theilchen, einer wohlriechenden
Pflanze, die unsere Geruchsnerven berühren, alles
dieses versieht die Seele mit keiner Vorstellung, giebt
ihr keine formale Erkentniß, sondern eine Erkentniß,
die ich die reale nennen will. Die Ursache läßt sich
leicht aus meinen vorigen Betrachtungen erklären.
Allein ein gewisses Bewußtsein ist immer mit diesem

Ein-

Eindrucke verknüpfet , das in uns eben das Gefühl
des Vergnügens und seiner verschiedenen Modifikationen erweckt. Dies könte füglich das Bewuſtsein oder
die Wahrnehmung eines gegenwärtigen Eindrucks genannt werden.

Bonnet und verschiedene andere Psychologen haben es versucht, die Art und Weise, wie wir die Mo-
dificationen wahrnehmen, aus der Mechanik der Nerven zu erklären. Bei dem Zustande des sinnlichen Gefühls ist hierwider nichts einzuwenden. Der sinnliche
Zustand wird von keiner formalen Erkenntniß begleitet.
Wir erhalten nur Eindrücke. Warum sollte man sie nicht
auf das Gefühl, auf die körperliche Eigenschaft zurükbrin-
gen? Noch mehr Grund ist dazu vorhanden, wenn man
nach einigen behauptet: Daß alle Eindrücke Vorstellungen niedriger Grade sind, denen es nur an gehöriger
Entwickelung, um den Vorstellungen selbst, gleich oder
analog zu werden, fehlt. *) Woher könnte dies an-

B 3   ders

*) „Die übrigen Vorstellungen ‟ sagt Teten „scheinen von
   dem Wesentlichen der Ideen und Bilder von Gegenständen, wenig oder nichts an sich zu haben. Nun ist es
   zwar offenbar, daß der Vorzug der Gesichts-Vorstel-
   lungen in mancher Hinsicht allein sehr groß ist. Das
   Gesicht ist der Sinn des Verstandes. Aber diese Vorzüge bestehen doch nur in Graden, insofern sie nehm-
      lich

ders herrühren als von der größern Inhärenz der Seele
am Körper?

Die Eindrücke, die gewisse Dispositionen in unseren
Gefühle zurücklassen, die in dem Grade an Zahl zunehmen, je größer die Anzahl der erhaltenen Eindrücke ist,
nenne ich Begriffe. — Im sinnlichen Zustände werden
wir also mit Begriffen versehen. Mögen sich immer
jene Physio-Psychologen die Art und Weise entwickeln,
wie wir uns ihrer wieder erinnern, wie sie im Gedächtniß aufbehalten werden. Mir ist es hinlänglich
sie so weit verfolgt zu haben, insofern unsere Seele
einen Antheil daran hat.

lich Vorstellungen für uns sind. Denn die Vorstellungen des Geruchs und Geschmacks, sind in eben dem
Sinne Vorstellungen, wie es die Bilder des Gesichts
sind, und haben dieselbe Natur als Vorstellungen; nur
so vollkommene, so auseinander gesetzte, so leicht re-
producible, und daher so allgemein brauchbare Vorstellungen sind sie nicht. Versuche über die menschl. Natur
1 Th. S. 41.

III.

III.

Ein jeder Eindruk ist, wie gesagt worden, in der Vereinigung des Körpers und der Seele zu suchen. Aber Vorstellung? Beruht auf dem alleinigen Grundtrieb der Seele, ist von aller Sinnlichkeit getrennt, wird aber durch die Sinne unterstützt, und sie sind die Quellen, woraus sie ihre Materialien hat. Die Sinne müssen hier auf einer feinen, mit den geistigen Kräften analogete Art wirksam sein; Die Seele wird hier in ihrer conrcessiven und successiven Thätigkeit nicht gestört. Die Sinne nehmen mit einer solchen Ordnung die Eindrücke der Gegenstände an, daß sie sich bis zur Seele fortpflanzen. Jene große Lebhaftigkeit im sinnlichen Zustande wird hier durch die geistige Kräfte gemäßigt. Nach dem Verhältnisse dieser Mäßigung, wird auch die conrcessive oder successive Wirksamkeit der Eindrücke entstehen, oder wird die Deutlichkeit der Vorstellungen ab und zu nehmen.

Dies Verhältniß der Gegenstände mit unserer Seele, bewirken vorzüglich diejenige Sinne, die ihr

eine

eine gewiſſe Thätigkeit beizubringen vermögen, nehmlich das Geſicht und Gehör. Die Eindrücke, die dieſe
Sinne von den Gegenſtänden erhalten, haben einen
ſolchen Grad von Mannigfaltigkeit in ihrem
Zugleichſein und Aufeinanderfolgen, daß ſie fähig
ſind, die geiſtige Kräfte zur Thätigkeit aufzufodern.
Durch dieſen gehörigen Grad von Mannigfaltigkeit in
den Modifikationen, wird unſere Seele in Thätigkeit
geſetzt. Sie iſt alsdenn gewiſſermaſſen nicht mehr ein
Theil des empfindenden oder leidenden Triebes, ſondern die vorſtellende oder wirkende Seele an und für
ſich ſelbſt. Sie wirkt, und dadurch wird ſie mit den
Gegenſtänden ſelbſt in Verhältniß geſetzt. Sie nimmt
nicht mehr die äuſſere Dinge an ſich ſelbſt wahr, ſondern ganz auſſer ſich. Daher kommt es, daß wir in
dieſem Zuſtande mehr auf die Gegenſtände als auf
ihre Wirkung Rückſicht nehmen. Wir ſtreben mehr
nach formaler als realer Erkenntniß. Wir wollen
nicht mit der Wirkung in uns zufrieden ſeyn, ſondern
wollen auch die Urſache erkennen.

Daher will ich dieſen Zuſtand den ſittlichen nennen. Dies ſcheint mir der Zuſtand zu ſeyn, durch
welchen der Menſch gebildet, durch welchen in ihm der
Keim der Sittlichkeit verpflanzt, und durch welchen er
fähig ward, das Verhältniß zu erkennen, in welchem
er mit den übrigen Dingen, und dieſe wieder mit ihm
ſtehen ſollen. Dieſes findet gewiß nicht im ſinnlichen

Zu-

Zuſtande ſtatt. Denn ſo wie wir in jenem Zuſtande ein
Gefühl für und wider uns haben, ſo haben wir es in
dieſem nur für uns. Wir beſtimmen hier nur das
Verhältniß der äußern Dinge gegen uns, und nicht
uns gegen die übrige Dinge. Daher denn jener Eigennuß, der uns immer in jenem Zuſtande leitet.
Daher jener Grad von Eigenliebe, der uns zur Handlung treibt. Wenn alſo gewiſſe Weltweiſe aus mora-
liſchen Prinzipien behaupten wollen, der Menſch hande-
le nicht ſtets nach Eigennuß, ſo kann man dieſes beim
ſinnlichen Gefühle nicht einräumen. Hier geſchieht keine
Regung, vielweniger eine Handlung ohne Eigennuß.

Ich glaube alſo hierdurch einen hinlänglichen
Grund angeben zu können, warum das ſittliche Gefühl ſich blos auf das Geſicht und Gehör einſchränken
laſſe. Es folgt freilich nicht hieraus unumgänglich,
daß da, wo Geſicht und Gehör wirkſam iſt, ein ſittliches Gefühl vorhanden ſey. Theils verdrängt die
Thätigkeit der Sinne oft dieſen ihren Beruf, wie ich
ſchon angemerkt habe. Wir finden daher oft, daß
gemeine Leute, oder rohe uncultivirte Völker in dem
ganzen Laufe ihrer Thätigkeit, nur von den gröbern
Sinnen geleitet werden. Bey weitem haben alsdenn
Geſicht und Gehör nicht denjenigen Einfluß bey ihnen
den ſie haben könnten. Theils finden ſie oft nicht
ſolche Gegenſtände, die ſie zu einem richtigen ſittlichen Gefühle ſtimmen. Die Sittlichkeit wird dadurch

B 5 oft

oft aus einem andern Gesichtspunkt betrachtet. Da=
her finden wir so oft, die so große Uebereinstimmung
im sinnlichen, und die so große Mannigfaltigkeit im
sittlichen Gefühle.   Daher finden wir in diesem Zu=
stande das bey gewissen Nationen hochgeschätzt, was
wir bey andern verachtet sehen.   Die Schaamröthe,
die als eine liebenswürdige Eigenschaft des andern
Geschlechts bei den mehrsten europäischen Völkern ange=
sehen wird, sieht man wiederum bey vielen andern
Nationen als einen Fehler an.   Den Eingrif im Ei=
genthum eines andern, hält man bey verschiedenen
Nationen für erlaubt, und schon Ovid hat einer sol=
chen verkehrten Billigkeit erwähnt:

Innumeræ circum gentes fera bella minantur
   Quæ nisi de rapto vivere turpe putant.

Ja bei vielen Völkern wird er nach dem Berichte
der Seereisenden, so gar als eine Fertigkeit bewun=
dert, indem er bei uns als ein Laster verabscheuet
wird.

Die Modifikationen des sittlichen Gefühls, haben
eine jede besonders, von den Gegenständen mit den
unsere Kräfte in Verhältniß stehen, ihren Ursprung:
Die unvermuthete Ankunft eines geliebten Freundes
erregt in uns die Empfindung zur Freude.   Eine ge=
habte Beleidigung entflammt in uns die Begierde
zur Rache.   Ein vortrefliches Tonstück das unserer

Seele

Seele eine Reihe von Empfindungen vormahlt, reiſſet
ſie zu einem ſorgfältigen Antheile hin. In allen dieſen Fällen iſt der Gegenſtand mit unſern Kräften
in einem andern Verhältniß; und folglich, da die
Verſchiedenheit dieſer Verhältniſſe oder Vorſtellungen,
auf unſer Bewuſtſein auf verſchiedene Art wirken; ſo
muß das Leßtere in dieſem Zuſtande auf mannigfalti-
gere Art modificirt werden.

Da nun im ſittlichen Gefühle alle Modifikationen
Vorſtellungen ſind, die in Empfindungen übergehen,
wenn wir uns ihrer bewuſt werden; ſo erregt alsdenn
eine jede Modifikation in uns Vergnügen, die mit
unſern Kräften im Verhältniß ſieht, allein Schmerz,
wenn dieſes Verhältniß nicht ſtatt findet. Im erſten
Falle nennen wir den Gegenſtand ſchön, im zweiten
aber häßlich. So wie nun die Erkenntniß des Guten
und Böſen, das Eigenthümliche des ſinnlichen Zuſtan-
des iſt; ſo iſt die Erkenntniß des Schönen und Häßli-
chen das Eigenthümliche des ſittlichen. Daher ſagt
auch Eberhard: „Das Gute kann empfunden werden,
und dann erſcheint es unter der Geſtalt des Schönen,
ſo fern der empfindbare Ausdruck von Richtigkeit
Ebenmaaß und Schiflichkeit ſeyn wird" *). — Die
Sprache, die oft die Erklärerin ſynonimer Gedanken
iſt, wird mir dies bekräftigen. In Gegenſtände des
ſittlichen und unſittlichen führen wir immer die Ausdrücke ſchön und häßlich mit uns.

*) Theorie des Denkens und Empfindens S. 94.

——————

IV.

IV.

Nachdem ich nun behauptet, daß die Gegenstände der sittlichen Erkenntniß, uns mit mannigfaltigern und mehreren Modifikationen versehen können, und sie daher fruchtbarer als die der sinnlichen Erkenntniß sind, wie wir noch in der Folge deutlicher sehen werden; so könnte mir dennoch mancher Leser mit dem Einwurfe vorgreifen: daß wenn eine jede Modifikation der sinnlichen Kräfte auch eine besondere Erkenntniß mit sich führt, die sinnliche Erkenntniß eben so fruchtbar für uns ist, als eine jede andere Erkenntniß sein mag. Dieser Einwurf fordert mich zu einer nähern Erläuterung meines Satzes auf.

Eine jede Erkenntniß, die die menschliche Kräfte einsammeln, ist mit einer gewissen Absicht verknüpft. Diejenige Erkenntniß ist für uns keine Erkenntniß, die nicht eine gewisse Absicht bei uns erreicht. Sie ist mit einer jeden Erkenntniß wirklich verknüpft, kann aber auf verschiedene Weise eine Stelle finden. Entweder ist sie mit der Erkenntniß selbst verbunden, oder diese

diese Abſicht zu erreichen ſetzt erſt die Erkenntniß voraus. Wir eſſen, wir trinken, den Hunger oder den
Durſt zu ſtillen, da iſt die Abſicht ſchon mit der Erkenntniß verknüpft. Mit dem Gefühle eines leiblichen
Schmerzes hat es eben dieſe Bewandniß. Allein bey
dem Vergnügen das die Tonkunſt gewährt, bei einer
jeden Handlung die vor unſern Augen vorgeht, iſt die
Erkentniß von der Abſicht getrennt.

Wenn wir eine Abſicht erreicht haben, muß auch
die Thätigkeit unſrer Kräfte ein Ziel finden, d. h. der
Menſch muß ſich einer erlangten Erkenntniß bewuſt ſeyn.
Daher ſagt Teten: "Nicht während des erſten von
auſſen entſtehenden Eindrucks, wenn wir auch noch damit beſchäftigt ſind, die Modifikationen von auſſen
anzunehmen, und zu fühlen, geſchieht es, daß wir
gewahrnehmen und mit Bewuſtſein empfinden, ſondern
in dem Moment, wenn die Nachempfindung in uns
vorhanden iſt."

Wenn ich nun ſage: daß eine jede Erkenntniß, die
mit keiner Abſicht mehr verknüpft iſt, oder durch die
man ſeine Abſicht eben erreicht hat, der Zuſtand des Bewuſtſeins iſt; ſo wird durch einen jeden Zuſtand des Bewuſtſeins die Abſicht der Erkentniß beſtimmt werden.
Dies verhält ſich in der That alſo. Bei dem Genuſſe der
Speiſe oder des Getränks iſt das Bewuſtſein von genieſ-
ſen-

senber Speise oder genieſſenden Getränks die erreichte
Abſicht. Das Vergnügen, welches eine edle Handlung erregt, iſt die Abſicht, die man vermittelſt der
geſehenen oder gehörten Handlung erreicht hat.

So lange nun das Bewuſtſein unterbrochen wird,
muß auch ohnfehlbar die Thätigkeit unſrer Kräfte
nicht ihre Abſicht erreicht haben. In dem ſinnlichen
Zuſtande iſt die angefangene Thätigkeit unſrer Kräfte
mit Bewuſtſein verknüpft, ſie erreichen daher mit
derſelben zugleich ihre Abſicht. Allein im ſittlichen
Zuſtande, da die Erkenntniß vermittelſt der bloßen
Thätigkeit unſrer Kräfte, nicht ſogleich ihre Abſicht
erreicht, iſt die Unterbrechung des Bewuſtſeins
von längerer Dauer. So iſt nur das Bewuſtſein
unterbrochen während ich ein Urtheil höre, während
ich an einen ankommenden Freund denke, den ich
bald umarmen werde, während ich eine Handlung
ſehe. In allen dieſen Fällen finde ich mein Bewuſtſein wieder, wenn die Thätigkeit meiner Kräfte ihre
Abſicht erreicht hat.

Hieraus wird erhellen; daß die Erkenntniß im
ſittlichen Zuſtande ſehr von der Erkenntniß im ſinnlichen verſchieden iſt. Bei dieſer iſt die Abſicht mit der
Erkenntniß verbunden, allein bei jener muß die Abſicht auch beſonders in Rechnung gebracht werden.
Eine jede Erkenntniß, die wir im ſittlichen Zuſtande

ein-

einsammeln, versieht uns zugleich mit noch einer Erkenntniß. Wir sind uns nicht blos der Absicht bewust, sondern auch der Aktion die unsere Kräfte beobachtet haben. Wenn wir im Besitze eines Gegenstandes sind den wir lieben, so ist nicht allein das
Bewustsein von seinem Besitze in die Summe unsrer
Erkenntniß gekommen, sondern wir sind uns auch der
Schwierigkeiten, der Zufälle und dergleichen bewust,
die uns etwa zur Erlangung seines Besitzes aufstießen.
Den Verlust, den wir durch den Tod eines Freundes
empfinden, macht uns nicht allein mit dem Schmerze
deshalb, bekannt, sondern wir sind uns auch aller
Umstände und Gelegenheiten bewust, die zu seinem
Tode Anlaß gaben. — In unserm sittlichen Zustande
findet das nicht statt. Eine Wunde, interessirt unserm Körper, in so fern sie uns Schmerz verursacht,
der Geruch einer Blume, in so fern er unsere Sinnen
angenehm oder unangenehm ist, u. s, w.

Das Gedächtniß, ein Mittel, wodurch wir vermögend werden, gewisser Modifikationen uns wieder
zu erinnern, in gewissen ehemaligen Zuständen uns
wiederum zu versetzen, wird gewiß von keiner unsrer
Erkenntnisse mehr unterstützt, als von der sittlichen.
Wenn eine lebhafte Anschaulichkeit vorzüglich ein gu-
tes Gedächtniß zu bilden vermag, so wird die sittliche
Erkenntniß ohnfehlbar die größte Stütze davon seyn,
so wird der Vortheil, den es uns als gebildete Menschen

schen leisten, der Nutzen, den es uns im Fortschrit
unsrer Erkenntniß verschaffen kann, durch sie beför=
dert werden. Dies bestätigt auch die Erfahrung. Ge=
genstände des Gesichts und Gehörs, welche die Quel=
len der sittlichen Erkenntniß sind, sind vielmehr für
das Gedächtniß geschaffen, als die Gegenstände, die
einen Einfluß auf die übrige Sinne haben. In kei=
nem Zustande werden wir einen größern Mangel des
Gedächtnisses finden als in dem Zustande des sinnlichen
Gefühls. Wir können uns eher einer vergangenen
Handlung, einer angehörten Rede, als des Ge=
schmaks einer genossenen Frucht, des Geruchs einer
Blume erinnern. Der feine Beobachter wird finden,
daß die Zurükerinnerung eines solchen Zustandes,
durch Umstände befördert wird, die formale Erkenntniß
enthalten. Wir werden uns des gehabten Schmerzes
selbst nicht wieder erinnern können, sondern nur ge=
wisser andrer Umstände, als den Ort des Schmerzes,
die Mittel, die man dagegen angewandt u. dergl.—
Es erhellt nun hieraus wenn formale Erkenntniß nur zur
Erhaltung des Gedächtnisses erfodert wird, daß es
alsdenn dem gebildeten Menschen am ersten zu Theil
wird, und wir finden daher auch bei keinen mehren=
theils weniger Gedächtniß als bei den rohen Menschen.

Unter den vielen Mitteln, die der Mensch ange=
wendet, um die Reihe seiner Erkenntnisse sich selbst
zu erweitern, ist gewiß keines beträchtlicher, als das=
jenige

jenige, wodurch er seine Seelenkräfte in gewisser Thätigkeit zu erhalten strebt. Auf keines hat er daher mehr
Aufmerksamkeit und Scharfsinn verwendet, als auf
dasjenige, das ihm seine ästhetische Kenntnisse bereichern hilft.

Welche Lücke füllt nicht schöne Kunst und Wissenschaft im ganzen sittlichen Leben des Menschen aus,
und wie oft rufen sie ihn nicht zu innerer Ruhe und zu
äusserer Thätigkeit zurück, wenn dort ihn Leidenschaft,
und hier ihn Selbstgenügsamkeit mit der Gesellschaft
entzweiet.

Ist einmal der Mensch gebildet; so sucht er alle
Mittel auf die ihn auf die höchste Stufe der Bildung
zu bringen vermögen. Er geht den Weg unaufhaltsam
fort, den ihm seine Kräfte zeigen. Was hilft es nun
mit dem vortreflichen Rousseau über die fruchtbarste
Erfindungen des menschlichen Geistes zu schmälen?
Was hilft es, sich alle erdenkliche Mühe zu geben, den
Nachtheil den für den Menschen vorzüglich schöne
Kunst und Wissenschaft hat, zu erörtern. Der Mensch
hat Kräfte, sie entwickeln sich, und er findet den Weg
blindlings, den ihm der strenge Moralist versagen
will. Und warum? Weil er den Menschen auf diesem
Wege ausarten sieht? Weil Ueppigkeit und Sitten-
verderben bei ihm allda anfängt hervorzukeimen?
Warum verwechselt man hier Ursache und Wirkung?

C   War-

Warum soll hier Künsten und Wissenschaften das zu
Schulden kommen, was man vielmehr verdorbenen
Neigungen und Leidenschaften Schuld geben kann?
Auch auf dem Boden reiner Sitten und strenger Tu-
gend, sind schon vortreffliche Früchte des Schönen
gediehen. Kunst oder Wissenschaft ist eine Frucht,
die auf jedem Boden zwar fortkommt, allein der
Vernunft ist es stets vorbehalten, ihr einen zu wählen, wo sie sich nach ihren Principien zu bilden und
zu entwickeln vermag.

Ist die sittliche Erkenntniß aber der Weg, wodurch
er zum Genuß des Schönen gelangt. Ist sie das Mittel,
wodurch er so viele Seelenbeschäftigung und Unterhaltung findet, die ihm manche bange und leere Stun-
de dieses Lebens versüßt; so muß uns dieser Zustand
zwiefach angenehmer sein, der uns bei manchen Widerwärtigkeiten, die er uns zuführt, mit einer uner-
schöpflichen Quelle von Vergnügen und Geistes-Be-
schäftigung bekannt macht.

Schöne Kunst und Wissenschaft vermögen den
Menschen allezeit zu fesseln, seine gespannte Seele mit
fortzureissen. Daher der große Eindruck den ihre
Werke auf ihn machen. Daher vermag ein Künstler
oder Dichter die Seelenkräfte eines Menschen so anhaltend zu fesseln. Und wenn man mit der Theorie
der sittlichen Erkenntniß die ich vorhin entwickelt,
bekannt ist, wird sich dies leicht daraus erklären lassen.

fen. Wenn eine jede Erkenntniß die unser Auge
oder Ohr beschäftigt, unser Bewußtsein unterbricht,
und dies Bewußtsein so lange unterbrochen wird, bis
die Absicht bestimmt ist, die wir durch die Erkenntniß zu erreichen suchen; so wird dies der Künstler,
jemehr Ursache oder jemehr Gelegenheit er zur Aktion
der Seelenkräfte giebt, weit eher erreichen als jeder
andere Umstand, den man deshalb anwenden wird.

Im vorzüglichen Grade wird dies nur ein Künstler oder Dichter, der die Mittel kennt, die er anwenden muß, wenn er unsere Seelenkräfte in absicht-
licher Thätigkeit erhalten will. Oder zum wenigsten muß die Thätigkeit seines Genies ihm diese Winke
an die Hand geben. Daher der große Anblick, den
das Werk eines Raphael oder Correggio uns gewährt. Daher der hinreissende Eindruck, den das
Werk eines Hendels oder Grauns auf uns macht.
Sie mußten die Mittel, den menschlichen Geist im
ersten Augenblicke in Thätigkeit zu setzen, ihn mit sich
durch alle verwickelte und geschlungene Gänge zu führen, und bis dahin zu bringen, wo ihr großer Geist
auch stehen blieb. Und sollte dies vortreffliche Ziel,
das für den menschlichen Geist unschätzbar ist, nicht
hinlänglich den Vorzug des sittlichen Gefühls über
das sinnliche darthun?

Endlich diese sittliche Erkenntniß, oder derjenige
Zustand in welchem wir ihrer theilhaftig werden, wie

groß

groß, wie unſchätzbar ſind nicht ſeine Verdienſte um unſerm ganzen Weſen, um unſrer äußerlichen und innerlichen Verfaſſung, um unſrer Bildung des Geiſtes und Körpers. Unzählbar ſind die Wirkungen, die unſer ſinnliches Gefühl auf uns gemacht und noch macht. Wer entwickelt in uns jenes Gefühl unſrer Beſtimmung, wodurch wir alles dulden, alles leiden, um dasjenige Ziel zu erreichen, das uns die Vernunft vorſchrieb? Woher das Mitgefühl für ſeinen Nebenmenſchen, woher dieſer Reiz, dieſe Glückſeligkeit die das menſchliche Leben bei allen Beſchwerden, bei allen Mühſeligkeiten für den Rechtſchaffenen hat, und woher der Menſch der unter allen Geſchöpfen zum höchſten Adel und zur höchſten Würde gelangt? Woher ſonſt, als durch das ſittliche Gefühl!

V.

V.

Ich bin genöthigt, hier wieder auf die sinnliche Erkenntniß zurückzukommen, um mich über einige Punkte zu erklären, die dem Leser nicht unwichtig sein können.

Die Erkenntniß die uns im sinnlichen Zustande zu Theil wird, hat, ob sie gleich in ihrer Wirkung äußerst einfach ist, verschiedene Quellen ihrer Entstehung. Das Wahrnehmen gewisser Eindrücke der äußern Gegenstände in uns; oder wodurch wir fähig werden, die Zustände, worin wir uns befinden zu bemerken, nennen wir Empfindung. Sie ist in keinem Zustande wirksamer als im Zustande des sinnlichen Gefühls. Die Empfindung zeichnet sich hierdurch aus; sie entsteht ohne innere Bewegung, oder Verlangen, sie bietet sich gleichsam unserm Selbste dar, und ist wie Sulzer sagt, eine unwillkührliche Handlung der Seele. So ist die Empfindung der Kälte und Wärme, des Süßen, Sauren, Bittern,

C 3   nur

nur bloße Empfindung; und bleibt es so lange, als
wir mit dem Eindrucke der Gegenstände zufrieden
sind. Wir achten hier nicht auf welcher Art und
Weise diese Wirkung geschehen könnte, sondern wir
empfinden sie, insofern sie geschieht. Ein Gewand,
das dem Gefühl meiner Haut nicht hinderlich ist,
Dünste, die meinen Geruchsnerven gewisse angenehme Erschütterungen beibringen, eine gemäßigte Wärme, die meine Organe in einer gewissen Beschaffenheit erhält, verursachen Eindrücke, die mit unsern
sinnlichen Kräften im Verhältniß stehen. Wenn wir
im Besitze dieses Verhältnisses sind, so ist die Wirkung auf uns als das Produkt anzusehen. Ob nun
gleich die Sinne in einem jeden Verhältnisse in eine
verschiedene Modifikation gerathen, so ist die Wirkung auf uns stets die nehmliche. Die Natur gleicht
hier einem Wandrer, der in einer dürren Wüste einen schattigten Baum zur Abkühlung sucht, und dem
es gleichgültig ist, ob dies der Schatten eines Bu-
chens, Weiden- oder Lindenbaumes ist.

Wenn aber die Kälte oder Wärme einen Grad erreicht, von dem wir uns gerne befreien wollen, so
befinden sich unsere Kräfte in einem andern Zustande.
Hier ist ein gewisses Verlangen nach dem Eindrucke,
nach welchem wir streben, verknüpft. Der Eindruck
entsteht nicht ohne unser Zuthun. Wir wollen uns
gern in den Zustand versetzen, den wir vorher em-

pfunden

gefunden haben. Es ist die Absicht bei der Befreiung von einem gewissen Grad von Kälte oder Wärme, uns in einen Zustand zu verfetzen, wo Wärme und Kälte sich mit unferm Temperament verträgt. Ein jedes Verlangen unfrer Kräfte nach einem Zustande deffen wir theilhaftig waren, ehe die Urfache zu diefem Verlangen rege ward, nennen wir Trieb. Wir verlangen wieder nach demjenigen Zustande der Sättigung, die wir, ehe wir den Hunger oder Durst empfanden, befaffen.

Es giebt aber gewiffe Zustände, worin wir uns zu verfetzen fuchen, bei welchem wir nicht blos die Absicht haben, unfern vorigen Zustand wieder zu erlangen, fondern diefen vorigen Zustand auf einen höheren Grad heraufzustimmen. Mit der Absicht, den Hunger und den Durst zu stillen, verknüpfen wir zugleich ein gewiffes dazu gewähltes Getränk. Anstatt des Waffers oder der Früchte wählen wir einen gewiffen Wein, oder ein gewiffes gewürztes Gericht. Es giebt auch Fälle, wo uns nicht einmal ein Trieb nach dem vorigen Zustande zu streben, Anlaß giebt, uns in einen beffern zu verfetzen. Von der Art ist das lüsterne Verlangen nach jenem Geschlechte, nach einem wohlschmeckenden Getränke, nach gewiffen wohlriechenden Dünsten und dergleichen. Ein folches Verlangen nach einem Zustande, der unfern jetzigen oder vorhergehenden übertreffen foll, nennen wir eine Begierde, oder finnliche Luft.

Die

Die Art und Weise wie die Eindrücke entstehen
die wir durch diese verschiedene Quellen erhalten, haben sich die Physiologen auf verschiedene Weise erklärt. Mir ist hinlänglich nur die Wirkungen dieser
Eindrücke auf unsere Körper, möge es eine äussere
oder innere Ursach sein, zu betrachten. — Die Wirkungen also, die wir in uns wahrnehmen, wenn ein
Gegenstand auf unsere Sinne einen Eindruck macht,
oder wenn sonst eine andere Bewegung in unserm
Körper statt findet, bringt uns Vergnügen, oder
verursacht uns Schmerz. Als Ursache hiervon wird
angegeben; daß wenn die Eindrücke oder Bewegungen mit unsern sinnlichen Werkzeugen in Verhältniß
stehen; so müssen wir, vermöge unsers Bewußtseins,
ein Vergnügen empfinden. Allein wenn dieses Verhältniß nicht statt findet, müssen wir Schmerz empfinden. Der Nase ist ein Geruch, dem Gaumen eine
Säure angenehm. Nimmt dieser Geruch in einem
höhern Grade zu, oder geht diese Säure in eine
gewisse Schärfe über, so ist uns beides unangenehm *).

Es

*) Hartly theory of the human mind, on the principle
of the association, with Essays relating to the subject
of it by Joh. Priestley. „Die Phänomena der Schwingungen" sagt der Letztere, „stimmen glücklich genug mit
dem Unterschiede zwischen angenehmen und scherzhaften
Empfin-

Es scheint also nur bei dem sinnlichen Vergnügen darauf anzukommen, daß sich die Theilchen in einem gewissen Verhältnisse gegen einander befinden. Freilich wird daher immer ein anders Verhältniß statt finden, wenn wir eine Empfindung haben, einen Trieb stillen, oder eine Begierde befriedigen. Auf welche Art dieses geschieht, und allen Antheil den etwa unser Selbst daran habe, das müssen uns die Physiologen besser erklären können, als der strengste Seelenbeobachter. Denn die Empfindung die ihren Ursprung in der Seele haben soll, setzen wir doch im sinnlichen Zustande im Körper, ja in jedes Glied desselben. Kurz, wir nehmen nur eine Modifikation unsers sinnlichen Gefühls wahr, und so muß der Psycholog leer ausgehen.

Viele Neuere aber wollen noch immer behaupten: daß das sinnliche Vergnügen durch das Anschauen der Seele von der Vollkommenheit ihres Körpers entsteht.

E 5   Ich

Empfindungen zusammen; weil diese Sensationen nur dem Grade nach verschieden sind, und nur unmerklich in einander überzugehen scheinen; so ist ein gemäßigter Grad von Wärme angenehm, und das Angenehme dieser Empfindung wächst mit der Hitze bis zu einem Grad, wo die Empfindung schmerzhaft zu werden anfängt, und nun nimmt der Schmerz mit dem zunehmenden Grad der Hitze so zu, wie vorher das Vergnügen zunahm.

Ich frage aber: Ist dieses Vermögen der Seele, eine
Vorstellung von der innern Vollkommenheit ihres Körpers zu haben, in ihrem Zustande gegründet? Sie
die den Urquell ihrer Vorstellungen den Sinnen zu
verdanken hat? Sie, die nur Vorstellungen in ihrem
sittlichen Zustande zu Theil wird, könnte eine von
dem innern Zustande ihres Körpers haben? — Nein!
Während wir uns im Zustande des sinnlichen Gefühls
befinden, ist so zu sagen, das ganze Triebrad unsrer
Vorstellungen gespannt. Keine derhalben regt sich.
Die Seele gleicht einem Instrumente, dessen Saiten
man vergebens berührt; so bald das Zuströmen der
Luft zu demselben gehindert wird. Umsonst! Sie geben keinen Laut von sich. Die Seele ist der Priva-
tion aller ihrer Ideen ausgesetzt, wenn sie mit den
Organen zugleich wirken muß.

Freilich könnte man einwerfen: in der Begierde
oder sinnlichen Lust, wo der Mensch strebt, sich in
einen höhern Zustand zu versetzen, der sich von seinem jetzigen unterscheidet, muß ohnfehlbar die Seele
sich den verbesserten oder vollkommenern Zustand vorher vorstellen. Allein ich frage: Liegt der Ursprung
der sinnlichen Lust oder Begierde in der Seele, oder
ist vielmehr ihr Ursprung in dem Körper zu suchen.
Das letztere läßt sich zwar gut behaupten, denn wir
bemerken: daß die Verschiedenheit der Begierden
mehrentheils von der Beschaffenheit des Körpers ab-

                                        hängt,

hängt, und daß vielmehr, wenn jenes statt fände, die
Vernunft diese Begierde oft müßte zerstreuen können,
da doch in der Seele eher ein vernünftiges als sinnliches Gefühl rege werden kann. Aber leider finden
wir, daß diejenigen, die sich den sinnlichen Lüsten zu
ergeben anfangen, nicht den strengsten Vernunftgrün-
den so leicht Gehör geben. Sie sind, wie Plato
sagt, den Unmündigen gleich, die nicht den geringsten Grad von Vernunft besitzen *). Sie eilen oft
ihrem Verderben nahe, und opfern mehrentheils ihre
übrige Glückseligkeit auf. Hier müssen vielmehr die
sinnliche Kräfte, allen Widerstand der geistigen zer-
stören helfen.

Das Anschauen der Seele vor dem vollkommenen
Zustande des Körpers, kann selbst nicht nach dem
Genusse statt finden. Das Vergnügen das wir etwa
nach dem Genusse empfinden, würde blos entstehen
von dem Begriff, den das Bewußtsein von dem Zustande hat, worin es sich befunden. Daher kommt
es, daß wir gemeiniglich in den Gliedmaßen eine Regung empfinden, die der ähnlich ist, die wir in jenem
Zustande hatten. Allein sollte die Modifikation, die
der Seele auf so verschiedene Weise zu Theil wird,
nicht zu jener Meinung einen hinlänglichen Grund abgeben? Sollte hieraus der Satz nicht können bestätigt
werden:

*) In Philebo.

werden: daß die Seele eine Vorstellung von der Voll‐
kommenheit ihres Körpers hat? Finden wir nicht, daß
der Genüßende oft den Genuß bereuet, ob ihm gleich
seine Begierde hinlänglich befriedigt ward, daß er
oft dagegen eine gewisse Gleichgültigkeit hegt, und
unzähligemal wieder Vergnügen empfindet?

Dieser Einwurf muß aus einem andern Gesichts‐
punkt betrachtet werden. Denn sollte hieraus jener
Satz, daß die Seele eine Vorstellung vom innern
Zustande ihres Körpers hat, wirklich bestätiget wer‐
den können; so müßte erst folgender entkräftet wer‐
den: daß nemlich eine jede Vorstellung mit der Ur‐
sach derselben übereinstimmen muß. Woraus denn
folgt: daß auch der ehemalige Genuß des Körpers,
mit der jetzigen Vorstellung in der Seele gleich sein
müsse. Da dieser Satz aber nicht entkräftet werden
kann, und wir dennoch oft das Gegentheil finden; so
müssen wir uns dergleichen Erscheinungen auf eine
Art erklären, daß sie von jenem Satze keine Aus‐
nahme machen.

Ob ich nun gleich vorhin behauptet, daß das
Triebrad der Vorstellungen, während des sinnlichen
Genusses unterdruckt ist; so geschieht es dennoch nicht
in solchem Grade, daß sie aller Vorstellung unfähig
sein sollte. Jenes sittliche Gefühl, worauf sich die
formale Erkenntniß stützt, wird auch im Zustande der
sinn‐

finnlichen Luſt, oft in ſeinem Schlummer geſtört. Es
wird oft erregt, und verſieht uns mit mancher formaler Erkenntniß; die durch den ſinnlichen Genuß
mehrentheils unterdrückt wird, und das zwar durch
Vorſtellungen, die ſich der Seele ſo zu ſagen aufdringen, und die ſie nicht zu unterdrücken vermag. Da
die Seele ſich nun dieſe formale Erkenntniß immer
wieder vorſtellen kann, ſo wird ſie eine gewiſſe Stimmung erhalten, indem ſie ihren jetzigen Zuſtand mit
dem damaligen vergleichen wird.

Da das ſittliche Gefühl ſo mannigfaltig und verſchieden in jedem Individuum iſt; ſo werden wir auch
den Zuſtand der Seele, oder die Stimmung die ſie
erhält, aus dem ſittlichen Charakter der Perſon erklären müſſen. Der Säufer der im vollen Pokal ſeine
Befriedigung geſucht, wird nie ſeine That bereuen.
Er wird ſich immer ohne Tadel finden, und ſeine kalte
Vernunftgründe, werden ihn vielleicht darin beſtär-
ken. Dagegen betrachte man den würdigen Mann,
der mit ſeinem Betragen Hochachtung einflößen will,
welche Reue er empfindet, welchen Abſcheu er gegen
den Genuß hegt, der ihn in der eifrigen Befriedigung deſſelben, auf einer tadelhaften Seite blos
geſtellt.

Welcher Unterſchied ſollte hier in der nachherigen
Vorſtellung ſtatt finden? Empfanden ſie auch beide
Ver-

Vergnügen, während des Genußes in Fülle? Der
Unterschied entsteht gewiß nicht aus dem Anschauen
der Seele, von der verbesserten oder verschlimmer-
ten Vollkommenheit des Körpers; denn der Körper
hat hier keine Verbesserung oder Verschlimmerung erhalten. Wir müssen also diesen ganzen Unterschied in
ihrem sittlichen Gefühle suchen, und der besteht nur
darin: daß jener bei seinem jetzigen und damaligen
Zustand diejenige Uebereinstimmung finden kann, die
dieser nicht findet.

Die menschliche Seele hegt aber oft auch eine gewisse Gleichgültigkeit gegen einen Genuß, der ihrem
Körper einst sehr behagte. Der feine Weltmann,
dem eine einfache Mahlzeit einst seinen Hunger stillte,
wird sich dieses Genußes mit Gleichgültigkeit erinnern. Dies geschieht ohnfehlbar aber nur, wenn die
Umstände, in welchen er des Genußes theilhaftig
wird, nicht mit seinem Charakter oder sittlichen Gefühle, damals oder jetzt übereinstimmen. Der
Mensch pflegt diese Delikatesse so weit zu treiben, daß
zufällige Eigenschaften der Gegenstände, die Zurücker-
innerung am Vergnügen des ehemaligen Genußes ver-
mehren oder vermindern. Dem Weltmann wird der
ehemalige Genuß mehr behagen, wenn ein seltenes
Getränk ihm den Durst stillte, wenn der Genuß einer
kostbaren Frucht ihm zu Theil wird, u. d. gl. Daß
dieses aber in seinem sittlichen Gefühle gegründet ist,
ist augenscheinlich. •

Der

Der unsterbliche Mendelsohn ist vorzüglich als der Verfechter der Meinung; daß die Seele von der Vollkommenheit und Unvollkommenheit ihres Körpers eine anschauliche Vorstellung habe, bekannt. Die Einwürfe nun, die man ihm dagegen machte, und wie ich mich erinnere, einige mit den meinigen beinahe übereinstimmende, bei dem jüngern Jerusalem gelesen zu haben, waren gegründet *). Er verbesserte sie daher mit einem nachmaligen Zusatze. „Die Seele, sagt er, genießt das Wohlsein ihres Körpers, nicht blos als Zuschauerin, so wie sie etwa überhaupt die Vollkommenheit eines Gegenstandes mit Behaglichkeit wahrnimmt; sondern es erwächst ihr selbst durch die Sinnenlust kein geringer Grad der Vollkommenheit zu, wodurch das Angenehme der Empfindung ungleich lebhafter wird. Den harmonischen Bewegungen in den Gliedmaßen der Sinne, entsprechen harmonische Empfindungen in der Seele, und da bei einer sinnlichen Wollust, das ganze Nervengebäude in eine harmonische Bewegung gebracht wird; so muß der ganze Grund der Seele, das ganze System ihrer Empfindungen und dunkeln Gefühle auf eine gleichmäßige Art bewegt, und in ein harmonisches Spiel gebracht werden. Dadurch wird jedes Vermögen der sinnlichen Erkenntniß, jede Kraft des sinnlichen Begehrens, auf eine ihr zuträgliche Weise

in

*) Philosophische Aufsätze, herausgegeben von Lessing.

in Beschäftigung gebracht, und in Uebung erhalten,
das ist, die Seele selbst in einen bessern Zustand ver=
setzt *). — Ich müßte mich sehr irren, wenn mir
dieser große Weltweise hiermit sollte Genüge geleistet
haben. Eben dadurch, daß die Bewegungen des
Körpers den der Seele entsprechen, wird die Empfin=
dung hervorgebracht. Sie findet also in beiden statt,
sowohl in dem Körper als in der Seele. Wozu nun
eine Anschauung der Seele vom Zustande des Kör=
pers? Wenn die Seele sich auch in diesem Zustande
befindet, wenn ihr Aktus mit dem des Körpers ge=
meinschaftlich zur Empfindung übergeht, so kann dies
ohnmöglich Vorstellung bewirken.

Ich weiß, daß nach Leibnitz eine Empfindung aus
Vorstellungen besteht, und daß nach seinem System
Alles vermittelst Vorstellung entsteht; allein wenn
man das Wesen des sinnlichen Vergnügens wissen
will; so ist es für den Psychologen nicht nöthig, seine
Ursache zu erklären. Und wenn gleich ein scharfsinni=
ger Schriftsteller behauptet: daß die Leibnizianer in
Behandlung dieser Materie am mehrsten Genüge lei=
sten. „Denn sie haben, sagt er, zum wenigsten einen
allgemeinen Umstand angemerkt, wo die Perceptionen
angenehm oder unangenehm werden; und das ist das
Anschauen der Vollkommenheit oder Unvollkommen=
                                        heit,

*) Philosophische Schriften Th. 2. S. 27.

heit, das in allen unsern Empfindungen und allen
unsern Gedanken nach ihrer Meinung enthalten ist.
Anfänglich sollte man glauben, daß sie als Antipoden
von Condillac, das Vergnügen oder den Schmerz in
Raisonnements umschaffen wollen; und in der That
sind ihre Ausdrücke oft von der Art, allein erwägt
man genau ihre Schriften, die diesen Gegenstand be-
treffen; so sieht man gleich ein, daß sie das Anschauen
von Vollkommenheit und Unvollkommenheit blos als
die wirkende Ursache von Vergnügen und Misvergnügen betrachten. Der Hr. von Wolf sagt dies mit
deutlichen Worten. Daraus folgt denn, daß dies
Anschauen, diese Rücksicht (der Seele) stets von Vergnügen und Schmerz, wie Ursache von Wirkung verschieden ist. So muß er sich doch fragen: „Was ist
denn nun aber die Wirkung selbst?" *) Und das ist
doch eben das was man wissen will, oder ist das, was
für den Psychologen die Ursache des Vergnügens
selbst ist.

Ein hypothetisches Princip, woraus man seine
Beobachtungen erleitern kann, und das ihnen nicht
widerspricht, ist in der Seelenlehre vorzüglich wichtig.
Wenn

*) Merian Paral. de deux Principes de la Pfychologie
in der Hiftoires de l'Acad. R. des Sc, & B. de Berlin T. XIII. S. 404.

D

Wenn daher die Leibnizianer eins annehmen, daß
nehmlich ein jedes Vergnügen entsteht, wenn die
Seele eine Vollkommenheit anschauet; so begreifen
sie alle Gattungen von Vergnügen darunter. Auch
beim sinnlichen Vergnügen geben sie als Ursache an:
das Anschauen der Seele von der Vollkommenheit.
Wenn man nun im letztern Fall die nächste Ursache bestimmen will; so muß es der Körper selbst sein, denn
wir ergötzen uns beim sinnlichen Vergnügen nur mit
dem Zustande unsrer Sinne. Der Körper ist also bei
ihnen hier das Objekt das die Seele anschauet; allein
welchen Widerspruch findet hier nicht ihr ganzes Princip? Und bedenkt man noch, daß nicht immer ein
vollkommener Gegenstand ein Vergnügen in unsrer
Seele verursacht; sondern nur dasjenige, was sie sich
im Betreff ihrer selbst vorstellt, oder vielmehr, was
im Bezirk ihrer Kräfte liegt, wie dieses in der Folge
erhellen wird, so muß jene Meinung schon entkräftet
sein, und dem sinnlichen Vergnügen wird man alsdenn auch jene besondere Quelle anweisen können.

VI.

Ich gehe nun zur Entwickelung des sittlichen Zustandes über. Das was dort im sinnlichen Zustande Empfindung war, sehe ich hier als Bewegung an; was
dort Trieb war, verwandelt sich hier in Neigung;
und was dort Begierde ist, wird hier als Leidenschaft
betrachtet. — Dies ist keine bloße Aenderung der
Namen, sondern Aenderung der Sache selbst. Daß
Empfindung nicht Bewegung, Trieb nicht Neigung,
und Begierde nicht Leidenschaft ist, wird sich in der
Folge näher ergeben.

Bringen aber diese beide Arten der Bestimmungen unsrer Kräfte eine gleiche Wirkung hervor? Oder
sind sie in ihrer Wirkung eben so verschieden, als sie
selbst sind? Wir wollen, ehe wir zur besondern Zergliederung jener Bestimmungen übergehen, ihre Verschiedenheit blos in ihren Wirkungen entwickeln.

Wenn

Wenn in unserm sinnlichen Zustande eine jede
Bewegung unsrer Organe einen Einfluß auf unser Bewußtsein hat, so ist dies nicht weniger der Fall in unserm sittlichen Zustande. Auch hier werden wir uns
der Bewegung unsrer Organe bewußt, aber mit welchem Unterschiede? Home sagt: „Ich empfinde nicht,
daß mein Auge von etwas gerührt wird, wenn ich
einen Baum sehe, noch daß mein Ohr von etwas gerührt wird, wenn ich einen Gesang höre. So unter-
schieden durch diesen Umstand das Hören und Sehen
von den übrigen Sinnen, in Absicht der Art, die
Dinge wahrzunehmen, ist: so unterscheidet sich doch
beides durch eben diesen Umstand noch mehr in der
Art der Empfindung die es hervorbringet. Jede Empfindung, ergötzende oder verdrüßliche, hat ihren
Sitz in der Seele, und demohnerachtet sind wir beim
schmecken, fühlen und riechen, weil wir da die Berührung des sinnlichen Werkzeuges merken, gezwungen, die durch diese Berührung erregte, ergötzende
oder verdrüßliche Empfindung, in den Werkzeugen
selbst anzunehmen. Aber da wir beim Sehen und
Hören, uns der sinnlichen Berührung nicht bewußt
sind; so verleitet uns nichts, den ergötzenden oder
verdrüßlichen Empfindungen, die von dieser Berührung entstehen, eine solche Stelle anzuweisen; wir
setzen sie also wirklich dahin, wo sie wirklich befind-
lich ist, in die Seele. Aus diesem Grunde stellen
wir sie uns feiner und geistiger vor, als diejenige,

die

die aus dem Geschmacke, dem Fühlen und dem Ge-
ruche entspringen *).

Wenn Home gleich die Empfindung, als eine eigenthümliche Eigenschaft der Seele ansieht, so ist der
Unterschied, den er im Betreff des sinnlichen Vergnügens gemacht, merkwürdig genung. Es verhält
sich in der That also: daß wir im sittlichen Zustande
uns nicht unsrer in den Organen bewust sind, sondern
wir vereinigen das Bewustsein in uns selbst. Allein
eben dies, daß wir das Bewustsein in uns vereinigen,
ist selbst eine Teuschung. Die Ursach rührt eben daher, was im sinnlichen Zustande die Ursache ist, daß
wir das Bewustsein in unsere Organe versetzen. Hier
geschieht es, weil die Sinne in ihrer Wirksamkeit
überlegener sind, dort weil die Seelenkräfte wirksamer sind. Deshalb sind wir uns im sittlichen Zustande auf eine solche Art unsrer Organe bewust; daß
nicht unsere Seele allein Schmerz oder Vergnügen
hat, sondern daß auch unser Körper daran Theil hat.
Wir empfinden so zu sagen, unsere Organe in uns,
und die Neuere haben darunter mehrentheils die Wirkung des innern Sinnes verstanden.

Da nun Vergnügen oder Schmerz der Grund von
aller unsrer Modifikationen ist, oder da sie beide im-

mer

*) Grundsätze der Kritik 1, Band S. 1.

mer als die allgemeine Wirkung angesehen werden,
welche die Modifikationen der sinnlichen oder geistigen Kräfte hervorbringen; so müssen wir erst untersuchen, worin das Vergnügen besteht, das wir im sittlichen Zustande empfinden, und welche Disposition
hierzu in unsern geistigen Kräften, oder in unserer
Seele vorhanden ist, ehe wir die Verschiedenheit der
sittlichen Modifikationen selbst zu entwickeln anfangen.
Damit wir einen Probestein haben, woran wir ihre
Nuanzen unterscheiden können, die im sittlichen Zustande in einer weit reichern und größern Mannigfaltigkeit als im sinnlichen vorgefunden werden.

Der größte Theil der Psychologen hat die Thätigkeit der Seele, als die Ursache des geistigen Vergnügens angegeben. Sie sagen: das Vergnügen,
versteht sich im sittlichen Zustande, entsteht, wenn
die Thätigkeit unsrer Kräfte mit dem Gegenstande derselben im Verhältnisse stehen. Worin besteht aber
das Vergnügen? Im Bewußtsein einer gewissen innern Realität. Wenn aber die Seelenkräfte mit einem Gegenstande beschäftigt sind, wie können sie sich alsdenn ihrer bewußt seyn? Auch kann das Anschauen einer Vollkommenheit, nicht als die Ursache eines Vergnügens angesehen werden, denn auch dies unterbricht
destomehr unser Bewußtseyn, und folglich kann kein
Vergnügen statt finden. „In dem Augenblicke, sagt
Sulzer, daß wir damit beschäftigt sind, eine Idee in

uns

uns zu entwickeln, macht sie uns niemals Vergnügen;
sondern dies geschieht in dem Augenblicke, da die
Seele, nachdem sie den Gegenstand eingesehen hat,
wieder an sich selbst zurückdenkt *).

Erwägt man nun dieses alles genau, so findet
man, daß die mehresten Psychologen sich mehr an die
disponirende Ursachen, als an die disponirte Ursache
selbst halten. Allein wir wollen hier nicht aufsuchen,
was von aussen her die Ursache ist, daß wir Vergnügen empfinden, sondern was in unsere Seele selbst vor-
gehet, indem wir Vergnügen empfinden. Wir wollen
diesen Zustand selbst beobachten, nicht die vorhergehenden Umstände, und wir müssen daher einen andern
Grund dafür aufsuchen.

Wir wollen, um unsere Materie zu erläutern,
eine Reihe von Beispielen vorausgehen lassen. Nehmen unsere Augen ein Gemählde wahr, so werden
wir eher keinen Eindruck in uns bemerken, als bis
wir die ganze Composition eines Gemähldes entwickelt haben. Wir werden, wenn wir den Ausdruck,
die Harmonie, die Wahrheit und das Schöne, auf
eine meisterhafte Art geordnet, wahrgenommen haben,
erst ein Vergnügen empfinden. Wenn die Töne in
harmonischen Saiten unser Ohr ergötzen; so wird
unsere Seele nicht von einem jeden Tone einen Ein-

D 4   druck

*) Vermischte philosophische Schriften, B. 1. S. 235.

druck erhalten, der ihr Vergnügen macht, sondern
sie wird bei dem Gange der Töne, die in harmonischen Schwingungen eine Melodie bilden, in voller
Erwartung sein, und sie wird alsdenn ein Vergnügen empfinden, wenn sie diese Erwartung befriedigt
hat. Wir werden an der Wahrheit eines mathema-
tischen Satzes eher kein Vergnügen finden, bis wir
durch eine Reihe Vordersätze den Schlußsatz erkennen. — Hingegen wenn wir die Ruinen eines vor
Alter eingestürzten Tempels sehen, wovon noch hin
und wieder einige Ueberbleibsel oder Bruchstücke seiner Pracht zu sehen sind, so werden wir nie ein Vergnügen dabei empfinden. Eben so wird es in allen
Fällen sein, wo ein Ohngefähr oder ein Zufall den
Gang der Handlung unterbricht, oder die Erwartung
nicht befriedigt wird. Wenn wir uns zum Beispiel
auf einer Reise befinden, und wir die Seltenheiten
nicht sehen können, die wirklich zu sehen sind; so
wird ein Theil unsers Vergnügens schwinden. Eben
dies ist der Fall, wenn wir von dem Wohlsein unsers
ankommenden Freundes hören. Wir vergnügen uns,
und dies um so mehr, weil wir ihn bald umarmen
werden. Allein plötzlich wird unser Vergnügen unterbrochen, indem wir uns in unserer Hoffnung ge-
teuscht sehen, weil gewisse Geschäfte seine Ankunft
verhindern.

In beiden Fällen nimmt man wahr, daß die thätige Kräfte unsrer Seele am wirksamsten sind, allein
daß

daß eben diese lange nicht alles beitragen, in uns ein
Vergnügen hervorzubringen. Sie können aber als
die disponirende Ursache zu demselben angesehen werden. Ich suche daher vielmehr die eigentliche Quelle
aller unsrer Vergnügungen in der Bestimmung unsrer
Seele. Dies ist ein Zustand, durch welchen wir den
Zweck der Dinge oder unsrer Handlungen erkennen
und empfinden.

Die Bestimmung unserer Seele ist die Triebfeder
unsers Vergnügens. Man betrachte sie als eine Welle,
die sich aus eine unruhige Fluth allmälig erhebt, die
durch ihre Ankunft die übrige forttreibt, und nun ihr
einziges Dasein darauf behaupten will. Oft verliert
sie sich in der Fluth. Sie muß den übrigen hervor-
getriebenen Wellen unterliegen, sie wird niederge-
drückt, und ihr Dasein wird beinahe vernichtet. —
Die Thätigkeit unsrer geistigen Kräfte ist eine unver-
siegende Quelle, die der Menschheit immer zu neuen
Vergnügungen Anlaß giebt. Die Thätigkeit unsrer
geistigen Kräfte ist der Vorbote unsers Vergnügens.
Während der Wirkung derselben, muß jene bestim-
mende Kraft hinter einem Gewande versteckt sein. Sie
muß indeß ihre Saiten spannen, um in völlige Harmonie hervortreten zu können. Allein so bald sie dies ihr
geheim scheinendes Werk verrichtet hat, wenn sie so
unbekannter weise ihre Rolle gespielt, denn kann sie
hervortreten. Wir werden sie mit offenen Armen so

D 5   zu

zu sagen empfangen, und unser Vergnügen wird das
vollkommenste sein. — Unsere Seele hat in ihrer Beschäftigung ein Ziel gefunden. Sie wird
sich ihrer bewußt. Alle ihre Kräfte findet sie bestimmt, und sie hat daher einen Abdruck ihrer innern
Realität.

Dies Vergnügen das wir in der Bestimmung unsrer Seele empfinden, ist aber nicht von ewiger
Dauer. Die Thätigkeit unsrer Seele, die indeß wieder an Kräften zunimmt, bemeistert sich unserer von
neuen, und hebt ihre Bestimmung auf. Unser ge-
nossenes Vergnügen verschwindet, und wir werden
durch sie zu einem neuen vorbereitet. Daher entsteht
auch der Thätigkeitstrieb, nachdem unsere Kräfte,
vermittelst ihrer Bestimmung, ein Vergnügen genossen haben.

Werden aber unsere Seelenkräfte in dem Fortschritt ihrer Thätigkeit nicht bestimmt, dann sehen
wir alles unvollkommen, uns ist alles zuwider. Wir
finden alles in Unordnung. Unsere Vernunft irrt
herum, und unsere Empfindung ist stumpf. Wir können uns nicht bestimmen, weil alles verwirrt ist.
Wir können keine Vorstellung von den Gegenständen
unterscheiden. Alle Unvollkommenheiten derselben
bilden sich auch auf dem Gegenstande. Wir bleiben

in

in diesem Zustande unbestimmt, und wir können alsdenn mit dem großen Dichter sagen:

Romae Tibur amem ventasus, Tibure Romam.

Wir finden kein Ziel. Wir irren von einem Gegenstande zu den andern. „Jeder, sagt ein französischer Schriftsteller" wird den Ekel empfunden haben,
welchen der Zustand verursacht, wo man das Vergnügen nicht hat, an etwas zu denken, und es wird sich
niemand finden, der nicht die Martern des Zustandes gefühlt haben sollte, wenn man wider seinen Willen an all zu vielen Dingen denkt, und gleichwohl an
keinem nach seinem Belieben haften kann *). Dies
ist eben auch der Fall, wenn unsere Seele von einem
Gegenstande zum andern übergeht, und ihre Kräfte
nicht bestimmt werden. Wir werden uns dieses Zustandes bewußt, und so entsteht in uns Misvergnügen, Unlust, und endlich Schmerz.

Ich hoffe, diese Theorie soll uns in der Folge meh-
rere Phänomene erläutern helfen als die des Abt Du
Bos, für welche man so eingenommen zu sein pflegt.
Ich spreche diesem Schriftsteller im geringsten nicht
seine ausgebreitete Kenntniß, und seinen feinen
Beob-

*) Du Bos Reflexions Criti: sur la Poes. & la Peint.
T. 1, Ch. 1.

Beobachtungsgeist ab, allein in Gegenständen, die
die empirische Psychologie, pflegt er seinen Gegenstand sehr entblößt zu lassen. Das folgende mag zum
Beweise meiner Behauptung dienen.

Du Bos sagt: die Leidenschaften sind uns deshalb
angenehm, wegen der Nothwendigkeit die wir in uns
fühlen, beschäftigt zu seyn. „Hier sehen wir also,
fährt unser Schriftsteller fort, warum die Menschen
sich mit so vielen nichtswürdigen Beschäftigungen ver-
mengen, und sich in so viele unnütze Handlungen ein-
lassen. Hier sehen wir, was sie antreibt, nach den
Dingen, welchen sie den Namen des Vergnügens beilegen, so eifrig zu laufen, und sich solchen Leidenschaften zu überlassen, deren verdrüßliche Folgen sie
noch dazu öfters aus ihrer eigenen Erfahrung vorher
wissen. Weder die Unruhe, die die Geschäfte mit sich
führen, noch die viele Bewegungen, die sie erfordern,
können den Menschen durch ihre eigene Natur gefallen. Die Leidenschaften, welche ihnen die lebhafteste
Freude erwecken, verursachen ihnen auch dauerhafte
und peinliche Schmerzen. Doch die Menschen fürchten sich vor der verdrüßlichen langen Weile, welche
die Unthätigkeit nach sich zieht, weit mehr, als vor
diesen Schmerzen. In der Unruhe der Geschäfte,
und in der Trunkenheit, worinn sie von den Leidenschaften gesetzt werden, finden sie eine solche
heftige Gemüthsbewegung, die sie beschäftigt

hält

hält *). Diese Furcht vor der langen Weile, oder
diese Nothwendigkeit beschäftigt zu sein, würde uns
nie dahin bringen können, daß wir eben unangenehme Gegenstände zur Befriedigung unsers Triebes beschäftigt zu sein, wählen sollten. Noch mehr! Die
Gesetze, wornach die Werke des Geschmacks auf uns
wirken, und worauf sich Dubos einschränkt, müssen
eben die Gesetze sein, nach welchen alle Dinge in der
Natur auf uns wirken; denn so wie das natürliche
Gefühl die erste Epoche für den menschlichen Geist ist;
so ist das Kunstgefühl die zweite für dasselbe. Wir
finden aber, daß die menschliche Natur, ohne die
Nothwendigkeit beschäftigt zu sein, zu fühlen, geneigt
ist, an unangenehme Gegenstände Theil zu nehmen;
so muß daher auch bei unserm Geschmack eine andere
Ursache dazu vorhanden sein.

Doch wieder auf unsere Materie zurückzukommen. — Es ist außer Zweifel, daß die Bestimmung
unsrer Kräfte unser Vergnügen ausmacht. Der Weise
nun, der seine Kräfte in allen Fällen bestimmt, der
standhaft gegen jeden Stoß bleibt. Der es sich zum
Zweck macht, seine Bestimmung zu befördern, und
sie in allen Fällen zu erhalten, wird dieses Vergnügens am nächsten theilhaftig, und dieses ist die größte
Ursache seiner Glückseligkeit.

Aber

*) ibid.

Aber wo ist der Sterbliche, der dieses in beständiger Folge vermag? Wo ist derjenige, der es sich rühmen kann, im steten Besitze bestimmter Seelenkräfte zu sein? Nein! Unsere Seele ist nie auf einem gleichen Tone gestimmt. Sie sinkt, sie erhebt sich. Sie fällt wiederum allgemach. Dieses ist ihr gewöhnlicher Kreisgang, und wir können hier eben wie der Prolog beim Plautas sagen:

Enimvero di nos quasi pilas homines habent.

Wir hassen dasjenige in einem Zustande, was wir in einem andern lieben. Wir gleichen Knaben, die ihre Spielwerke, welche sie mühsam zusammenbrachten, zerbrechen und zerstreuen. Selbst Vernunftgründe haben nicht immer ein gleiches Gewicht über uns. Wir reissen oft dasjenige nieder, was wir mit vernünftiger Ueberlegung aufbaueten. Unser Geiß sinkt eben so, wie er gestiegen ist.

VII.

VII.

Wir haben im Vorhergehenden gesagt, daß das
Anschauen unser Bewußtsein unterbricht. Wenn uns
aber, wie ich zugleich behauptet habe, die Anschaulichkeit Vergnügen macht. Ja wir selbst bei einer
größern Anschaulichkeit ein größeres Vergnügen empfinden, wie wird sich dieser Widerspruch mit unsrer
Theorie vertragen?

Ich antworte: Die Thätigkeit unsrer Seelenkräfte,
und der Einfluß der Gegenstände auf dieselbe, macht
uns nicht selbst Vergnügen, sondern das Resultat
dieser gegenseitigen Wirksamkeit, und dies Resultat
nenne ich Bestimmung der Seele.

Die Anschaulichkeit hinterläßt eine gewisse Wirkung. Da nun die Anschaulichkeit sich der formellen
Erkenntniß nähert, so hat sie mehr Einfluß auf die
Seelenkräfte. Der gegenseitige Einfluß des Gegenstandes auf dieselben, und derselben auf den Gegenstand,

stand, giebt also der Bestimmungskraft der Seele
eine grössere Realität, und folglich muß auch unser
Vergnügen dadurch vermehrt werden. So hat derjenige, der die Gemählde des Raphael im Vatikan gesehen, oder ein Meisterstück der Tonkunst von
Luck oder Hendel gehört, ein anschauliches Vergnügen genossen. Allein wenn man uns eine genaue Be-
schreibung davon machte; so werden wir nie eines
solchen Vergnügens theilhaftig werden. Das Vergnügen wird immer durch eine unbestimmte Nuanze
unterbrochen werden. Wir werden immer eine gewisse Unbestimmtheit in unsere Seelenkräfte wahrnehmen, denn der Grund unsrer Erkenntniß, das
Formale, ist in uns auch unbestimmt. Daher kömmt
das Verlangen, wenn man uns einen Gegenstand be-
schreibt, ihn unmittelbar wahrzunehmen, denn die
Bestimmung der Seele wird durch den unbestimmten
Gegenstand stets unterbrochen. Wir können ihn uns
unter mannigfaltigen Gestalten und Formen vorstellen, da wir nur eigentlich eine haben sollten.

Woher kömmt es nun aber, daß uns die Anschaulichkeit wiederum kein Vergnügen macht? Woher
kömmt es, daß wenn wir einen Verwundeten sehen,
wenn wir unser Haus in Brand erblicken, oder die
Töne eines klagenden Menschen hören, wir Misvergnügen und Schmerz empfinden? Obgleich die Anschaulichkeit am größten ist?

Die

Die Geſetze, die die neuere Pſychologen in der Einbilduugskraft entwickelt haben, und wozu der große Locke *) ihnen Winke gegeben hat, ſollen mir dieſe Erſcheinung erläutern helfen. — Wir nehmen wahr: daß keine Vorſtellung ſtatt finden kann, wenn ſie nicht mit gewiſſen andern gehabten Vorſtellungen oder Ideen im Verhältniſſe ſteht. Da nun die Anzahl und der Grad der Ideen mit unſrer Erkenntniß in direkter Verhältniß iſt, und da dieſes Verhältniß bei allen Menſchen nicht gleich iſt, ſo werden die Ideen **) die auf einer Vorſtellung folgen möchten, ſeiner Erkenntniß ſtets entſprechen, und der Spruch

Quam quisque novit artem in hac ſe exerceat.

hat hier ſeine ganze Richtigkeit.

Wenn der Mathematiker einen Cirkel ſieht; ſo wird er an allen Eigenſchaften deſſelben, an alle große Männer, die Beobachter dieſer Eigenſchaften waren, denken. Ein Kind, daß ihn ſehen ſollte, würde an das Rad ſeines Wagens, an den Bau eines Thurmes,

*) Verſuche vom menſchlichen Verſtande im zweiten Buche.

**) Ich ſage Idee. Die Idee iſt eben hierin von Vorſtellung verſchieden, worin Begriff von Eindruck verſchieden iſt. IL Fragm.

E

mes, der eben so gerundet wäre, denken. Die Ideen-
reihe, die hier in der Seele, vermittelst der Wieder-
erinnerung durch eine Vorstellung entsteht, und die
Vorstellung, die hier die Ursache davon ist, wird
auch eine zwiefache Bestimmung in der Seele erfodern: nehmlich, die Bestimmung der Seele in ihren
Vorstellungen und Ideen. Wenn die Seele in beiden
bestimmt ist, so ist auch ihr Vergnügen vollkommen,
allein dies geschieht mehrentheils nicht.

Oft, wenn die Seele in ihren Vorstellungen bestimmt ist; so ist sie es dennoch nicht in ihren Ideen.
Wir sehen unser Haus brennen, uns ist es anschau-
lich, und insofern könnten die Kräfte unsrer Seele
bestimmt sein. Allein die Idee von unserer künftigen
Armut, von unserm künftigen jämmerlichen Zustand,
von unserer vereitelten Hoffnung, von Vernichtung
unserer vieljährigen Arbeit, setzt uns in Unruhe, und
bringt unsere thätige Kräfte zu keiner Bestimmung.
Dies ist eben der Fall, wenn wir einen Verwundeten
sehen, oder die Töne eines klagenden Menschen hören.

Wiederum kann unsere Seele in den Ideen bestimmt sein, und nicht in den Vorstellungen. Der
Vater hört das Wohlergehen seines Sohnes. Hört,
mit welchen Gefälligkeiten ihn ein jeder überhäuft.
Er hört die Größe seiner Verdienste, die Wohlthätig-
keit seines Karakters. Aber eben dieses hebt die Be-
stim-

stimmung in seinen Vorstellungen auf. Er will gern
der Augenzeuge von den Umständen seines Sohnes
sein. Die mannigfaltige Form in der er sich Vorstellungen davon bildet, lassen seine thätige Kräfte zu
keiner Bestimmung gelangen. Eben dies ist der Fall,
wenn uns jemand die Menge der Tonkünstler, die
gute Besetzung der Stimmen, das Erhabene der
Ausführung, die Größe des gemachten Eindruckes einer großen Musik rühmt. Unsere Ideen sind bestimmt, allein unsere Vorstellung davon schwebt in
der größten Unbestimmtheit.

Hieraus wird sich das Vergnügen, das mancher
bei einem Gegenstande empfindet, den ein anderer mit
Misvergnügen und Gleichgültigkeit ansieht, erklären
lassen. Ein Gegenstand kann oft einer Reihe Ideen
entsprechen, die ihn dem einen denkenden Subjekte
wichtig machet; so wie ein anders dadurch auf eine
Reihe von Ideen geführt wird, die es verwirret, oder
die ihm die ganze Vorstellung gleichgültig machet.
„Man würde, sagt Apolonius von Tyane, nicht sehr
viel Vergnügen an den rasenden Aiax des Timoma-
sius finden, wenn man sich nicht eine Idee von dem
Aiax machen könnte, wie er die Heerden um Troja
herum tödtet, wie er ganz verzweifelnd dasitzt, wie
er die Entschließung faßt, sich selbst umzubringen.
Alle diese Ideen vom Aiax, werden durch eine Vor-

E 2   stel-

stellung erregt, die sich der Künstler als das Monu-
ment für sein Gemählde wählt *)."

Es giebt Gegenstände, die einen Vorrath von
Ideen erfodern, womit manches denkende Wesen nicht
versehen ist. Es kommt hier nicht blos auf Neigung
oder Leidenschaft an, an einem Gegenstande Wohlgefallen zu finden, sondern auf eine bloße gesammelte
Reihe von Beobachtungen und erlangten Kenntnissen.
Wir hören daher oft Menschen, die keine Phlegma-
tiker, und die überhaupt keinen ausgezeichneten Karakter in ihrem Temper..mente ausmachen, sehr oft
sagen, daß sie nicht begreifen, wie man an der oder
jener Sache Vergnügen finden kann. Allein es fehlt
ihnen an einem Faden, der sie zur wahren Beschaffenheit des Gegenstandes führt, um seinen ganzen
Umfang zu empfinden. Es gehört dazu auch ein gewisser Zeitraum, diesen Faden nach und nach verfolgen zu können, und in der Reihe von den herbeige-
führten Ideen so fortzuschreiten, damit die Empfindung nichts von ihrem Ensemble verliehrt. Daher
kömmt es denn oft, daß gewisse Menschen an manchem Gegenstande des Vergnügens, ob sie sich gleich
hinlänglich dazu vorbereitet haben, nicht so viel Unterhaltung finden, als allgemein davon empfunden
wird. Die Seele kann daher nicht diejenige Bestimmung

*) Philostr. vit. Appolon. f. II. c. XXII.

mung erlangen, die sie sonst, wenn diese Reihe von
Ideen gehörig vorhanden ist, erhält: und sie empfindet daher einen geringern Grad von Vergnügen.

Das Resultat unserer bisherigen Beobachtungen
ist: Bestimmung der Seele ist das höchste Ziel zum
Vergnügen. Hat die Seele diese erreicht; so strebt
sie nach einer neuen *). Ist die Seele in ihren Vorstellungen und Ideen bestimmt; so ist sie sich ihrer bewußt. Bestimmung ist also Empfindung, und Empfindung innerer Realität ist Vergnügen.

Um nun aus den entwickelten Beobachtungen die
verschiedene Modifikationen eines jeden Zustandes,
oder die verschiedene Nuanzen desselben zu analysiren,
wollen wir zur Entwickelung der Bewegungen übergehen.

Eine jede Modifikation der Seele ist eine Bewegung. Da wir uns nun einer jeden Modifikation bewußt werden, so wird eine jede Bewegung mit Bewußtsein verknüpft: das heißt, eine jede Bewegung
geht zur Empfindung über **). — Wir haben bei
der Entwickelung der Bewegungen drei Punkte zu
beobachten. Erstens ihre Natur, zweitens ihre Beschaffenheit, drittens ihre Ursache.

E 3

Was

*) S. VI. Fragm.

**) S. II. Fragm.

Was den erſten Punkt anbetrift; ſo haben wir die
Natur der Bewegungen mit allen Pſychologen und
Kunſtrichtern in reine und vermiſchte einzutheilen. —
Es entſteht daher die Frage: was iſt eine reine, und
was iſt eine vermiſchte Bewegung?

Eine reine Bewegung entſteht von der Beſtimmt-
heit oder Unbeſtimmtheit unſrer Seele in Vorſtellungen und Ideen. Eine vermiſchte Bewegung aber von
der Beſtimtheit und Unbeſtimmtheit unſrer Seele
zugleich, d. h. inſofern wir in unſrer Vorſtellung beſtimmt, und in unſern Ideen unbeſtimmt, oder in
unſern Vorſtellungen unbeſtimmt, und in unſern
Ideen beſtimmt ſind.

Die Vorſtellung die ich erhalte, wenn ich einen
ſteilen Hügel herabgehen ſoll, und die Idee der be-
vorſtehenden Gefahr des Herabſteigens, der Unmög-
lichkeit eines glücklichen Herabkommens, und dergleichen, verurſacht eine Unbeſtimmtheit in meinen Seelenkräften. Weder Vorſtellung noch Idee, giebt alſo
meiner Seele eine Beſtimmung. Die Vorſtellung des
mannigfaltig mit Gefahr verknüpften Herabgehens
verurſacht eine Unbeſtimmtheit. Sie wird von der
Mannigfaltigkeit der Ideen, die eben von der Natur
der Vorſtellungen ſind, unterſtützt. Die Vorſtellung
entſpricht den Ideen. Beide ſind hier unbeſtimmt, ſie
gehen alſo zu einer neuen Bewegung über, die man
die Furcht nennt.

Ich

Ich setze nun aber, mein Freund wagt sich diesen Hügel herabzusteigen. Ich gerathe abermals in Furcht, allein sie ist von ganz anderer Natur. Ich sehe die Gefahr, in die er sich begiebt. Ein jeder Augenblick drohet mich mit seinem Verluste. Ich sympatesire schon mit allen seinen Schritten. Ich sehe ihn schon herabfallen, und fühle seinen Schaden. Durch diese unbestimmte Vorstellung wird die Idee seiner Vollkommenheit in mir erregt. Seine Freundschaft zu mir, unsere gegenseitige Vertraulichkeit, eine erprobte Rechtschaffenheit; alle dergleichen Ideen steigen in mir auf, und von diesen wird die Seele wiederum bestimmt. Die Reihe der Ideen geräth mit der der Vorstellungen im Streite. Bald wird die Seele von jener bestimmt, bald von dieser aus ihre Bestimmung gerissen, je nachdem die eine über die andere siegt. Die Seele wechselt in Vergnügen und Schmerz ab. Eins unterbricht das andere. Das Vollkommene unterbricht das Unvollkommene, und diese Aktion der Seele bildet eine vermischte Bewegung.

Wir wollen uns nun aber von den vermischten Bewegungen entfernen, und wollen zu den reinen zurückkehren. — Die Natur einer reinen Bewegung besteht in der Bestimmtheit oder Unbestimmtheit unsrer Seele. Ihre Modifikation kann also verschieden sein. Zum Beispiel eben so wie sie Furcht sein kann,

so

so kann sie auch Freude sein. Wie verschieden ist
aber nicht die Furcht von Freude. Wenn wir einen
Gegenstand wahrnehmen; so versieht er uns mit Vorstellungen, die uns entweder Vergnügen oder Misvergnügen verursachen. Hier haben wir also blos die
besondere Richtung und die Umstände der Bewegungen zu untersuchen, indem sie jedoch in ihrem innern
Wesen übereinstimmen können. Wir kommen also natürlich auf die Beschaffenheit dieser verschiedenen Modifikationen, als der zweite Punkt, worauf wir Rücksicht nehmen müssen.

Wir sehen einen blühenden Baum, und er macht
uns Vergnügen. Wir sehen ein verfallenes Bauern-
haus, und empfinden Misvergnügen. Wir hören die
hinreissende Töne einer Harmonika, und geniessen
Vergnügen, wir vernehmen die Stimme einer Nacht-
eule, und empfinden Misvergnügen. Während dem
wir nun einen von diesen Gegenständen wahrnehmen,
verursacht er uns entweder Vergnügen oder Misvergnügen. Die Modifikation unsers Bewußtseins ist
also hier verschieden, und in dieser Rücksicht wird der
Fall des Vergnügens und des Misvergnügens verschiedene Gattungen der Bewegungen, unter sich begreifen, nehmlich: angenehme und unangenehme. Allein
selbst diese Gattungen der Bewegungen, sind unter
sich selbst wiederum verschieden. Nehmlich Vorstellungen und Ideen können uns mit einer gewissen Art
von

von angenehmen oder unangenehmen Bewegungen
versehen. Es müssen also diejenigen Vorstellungen
und Ideen einer Gattung, die einen verschiedenen Eindruck auf uns machen, unter sich selbst verschieden sein.
Wir haben nur nöthig das letzte Beispiel zu wiederho-
len. Das Vergnügen das uns ein blühender und
fruchtbarer Baum macht, ist ohnfehlbar verschieden
von demjenigen, das uns die Töne einer Harmonika
macht, nicht in Rücksicht der verschiedenen Quellen;
sondern der verschiedenen Bestimmungen der Seele.
Das Vergnügen, das wir bei einem unvermutheten
Gewächse empfinden, ist ohnfehlbar von dem verschieden, das nach einer entgangenen Gefahr in uns entsteht. Diese Beobachtung wird eine Claßification in
den Gattungen der Bewegungen selbst erfodern, und
dadurch werden wir auf die Ursache der verschiedenen
Bewegungen kommen, als der dritte Punkt, worauf
wir Rücksicht nehmen müssen.

VIII.

VIII.

Nachdem wir nun so weit in unsere Untersuchungen
gekommen sind, so wollen wir uns zu einer Gattung
der Bewegungen wenden, nehmlich: zu den angenehmen.

Wenn Bestimmung in Ideen und Vorstellungen,
unserm Bewußtsein eine größere innere Realität giebt,
wenn dieses als eine Modifikation angesehen werden
muß, und wenn eine jede Bewegung in der Modifikation der Seele besteht; so wird die Bestimmung der
Seele in Ideen und Vorstellungen die Beschaffenheit
der angenehmen Bewegungen ausmachen.

Entspricht diese Erklärung unsrer Natur? Wir
wollen die Freude nehmen. Sie ist eine angenehme
Bewegung, sie entsteht aus der Vorstellung einer Vollkommenheit, die mit unserer subjektiven Vollkommenheit übereinstimmt. Hier muß also die Bestimmung
der Seele in Ideen und Vorstellungen statt finden. —
Der muntere Greis hat eine Vorstellung von seinem
jetzigen

jetzigen Zustande. Er genießt die Frucht seiner Ju-
gendjahre. Er denkt an die ausgeübte gute Handlungen, an die wohlverlebte Jahre zurück. Dieses
stimmt mit seinem jetzigen Zustand übereiu. Er sieht
sich jetzt geschätzt, geehrt von seinen Nachkommen,
und welche Freude könnte größer sein? — Die Schöne
wird durch die Vorstellung eines neuen Putzes, womit sie heute im Cirkel prangen wird, und durch die
Idee, daß er ihrer Schönheit, die den Preis schon
bei manchen Jüngling erhalten, neuen Reiz geben
wird, in Freude versetzt. — Der Räuber freuet sich
bei erlangtem Raube. Die Vorstellung des jetzigen
Zustandes seines Ueberflusses, und die Bestimmung
in seinen Ideen, welche durch die Befriedigung seiner
Leidenschaft geschehen, muß ihm ohnfehlbar angenehm sein, und muß ihm Freude verursachen. — Wir
freuen uns bei der Ankunft eines lange abwesend ge-
wesenen, und lange erwarteten Freundes. Wir sind
ebenfalls alsdenn in unsern Vorstellungen und Ideen
bestimmt. — Wenn eine Rede das Ohr des Zuhö-
rers an sich lockt, ihn mit sich zu allen Bewegungen
und Leidenschaften fortreißt, die sie zu erregen vermag, so sind Vorstellungen und Ideen unbestimmt.
Wir folgen immer die weite Gänge des Redners. Da
aber, wo seine Rede sich endigt, empfinden wir eine
gewisse bleibende Bewegung, die, wenn sie es verursacht, daß wir in unsern Ideen und Vorstellungen
bestimmt sind, uns angenehm ist.

Die

Die angenehme Bewegungen scheinen also hierzu bestimmt zu sein, uns das Bewußtsein einer größern innern Realität zu verschaffen. Welche Fruchtbarkeit finden wir bei ihnen? Welche Quelle der Unterhaltung gewähren sie uns nicht? Daher wenden wir so viele Sorgfalt an, daher opfern wir so viele Kräfte auf, um einer angenehmen Bewegung theilhaftig zu werden.

Der Trieb zur Sittlichkeit, der Trieb zu Künsten und Wissenschaften, kann in uns nur durch angenehme Bewegungen befördert werden. Nur das angenehme und süße Bewußtsein von ausgeübten guten Handlungen, kann uns auffodern, unsern moralischen Neigungen nachzuhängen. Nur das erweckende Gefühl höherer Würde und erweiterter Erkenntniß, kann uns ermuntern, bei unübersteiglichen Schwierigkeiten, unsern Geist aufzuklären.

Im Gebiet der schönen Künste und Wissenschaften nehmen die angenehme Bewegungen ebenfalls den größten Raum ein. Die Werke des Schönen, die immer entstehen, wenn der menschliche Geist das Reizende in einer angenehmen Seelenbeschäftigung kennen und schätzen lernt, und die uns Unterhaltung, und nicht ausschließend Vergnügen gewähren sollen, müssen in uns angenehme Bewegungen zu erregen suchen, insofern sie uns zugleich Vergnügen erwecken wollen.

Bei

Bei einem zitternden Lear, bei einem zuckenden Lao=
koon, bei einem schreienden Philoktet, empfinden wir
kein solches Vergnügen, wie es uns durch eine ange=
nehme Bewegung erregt wird. Hingegen macht uns
der Karakter des Geizigen beim Moliere, des Tyada=
rus beim Plautas, und des Nathan beim Lessing,
durch die angenehme Bewegung, die ein jeder uns
erregt, Vergnügen.

Indem uns aber die Werke des Schönen ange=
nehme Bewegungen zu erregen vermögen, sind sie fä=
hig zugleich dadurch unsere Sittlichkeit zu verbessern.
In dieser Rücksicht hat man noch nicht die sehr wich=
tige Frage beantwortet: Hat der Dichter ohne fer=
nere Absicht, blos in allen seinen Werken, welchen
Zweck sie haben mögen, angenehme Bewegungen zu
erregen, wenn sie nur der Natur seines Gegenstandes
entsprechen? Oder ist eine bestimmte Regel vorhan=
den, nach welcher er sie anbringen kann und muß?
Es wird uns nicht schwer werden, diese Frage zu
beantworten.

Sobald es der Zweck des Dichters ist, unsere
Sitten zu bessern, oder unsere ganze Denkungskraft
auf einen andern Ton zu stimmen, wird er dieses ver=
mittelst angenehmer Bewegungen bewerkstelligen müs=
sen. Das Warum? läßt sich aus meiner Theorie er=
läutern.

Zur

Zur Besserung unsrer Sitten hat der Dichter zwey Mittel. Entweder er stellt uns einen bessern Charakter unmittelbar dar, wie Diderot in seinem Hausvater, oder er läßt diesen bessern errathen, indem er das Laster uns unmittelbar darstellt, wie die verstellte Kranke des Molliere. Bei beiden Mitteln, die er zur Besserung unserer Sitten anwendet, muß das Gesetz der Bestimmung statt finden, daß wir nehmlich in unsern Vorstellungen und Ideen bestimmt sein, und dies geschieht, wenn sich beide entsprechen. Dies kann im ersten Fall nicht statt finden, wenn wir nicht deutlich an unsere Mängel denken, die wir in Tugenden verwandeln sollen. Und im zweiten Falle nicht, wenn wir das vorgestellte Lächerliche nicht zum Maaßstab der Idee von unsern lächerlichen Handlungen machen.

Warum daher unangenehme Bewegungen nicht zur Besserung unsrer Sitten beitragen können, läßt sich leicht aus dem vorhergehenden erläutern. Das Unangenehme können wir nie auf unsere Lieblingsideen, Gewohnheiten und Sitten beziehen. Wir nehmen blos an ihnen, ohne sie mit unserm Zustand vergleichen zu können. Denn wie können wir unsern Zustand, den wir allen andern vorziehen, auf etwas unangenehmes beziehen? Ein anders ist es beim Angenehmen. Es schleicht sich eher bei uns ein, es vergesellschaftet sich eher mit unsern Lieblingsneigungen und Beschäftigun-

tigungen; und so ist es oft möglich, daß es uns unerwartet aufmerksam auf uns macht, und wir durch
die Vorstellung desselben, oft Gelegenheit bekommen,
an uns selbst zu denken. Allein das Unangenehme,
das wir nie auf unsere Lieblingstheorie beziehen, kann
daher nie auf unser System Einfluß haben.

Allein man könnte mir einwerfen: sollte der Dichter in Verbesserung unserer Sitten, nur angenehme
Bewegungen nützen, so wäre dieses eine große Einschränkung für die Kunst des Dichters, nur ein Mittel zur Erreichung seines Zweckes anwenden zu können. Wäre dieses nicht vortheilhafter für ihn, und
stünde seiner Kunst nicht eine größere Erweiterung bevor, wenn er sich auch, um jenen Zweck zu erreichen,
auf die unangenehmen Bewegungen ausdehnen könnte.
Könnte uns nicht das Schicksal des Oedip eben diejenige Besserung beibringen, die je Aristophanes, Te-
renz und Moliere durch ihre Karaktere uns verschaffen? — Oedip, ein Regent, geehrt, geschätzt und
geliebt von seinem Volke, auf die höchste Stufe seines Glückes, sieht sich durch einen bloßen und unerwarteten Zufall, in das größte Unglück versetzt. Er
raubt sich das Gesicht, flieht sein Reich, und irrt
mit dem Wanderstab armselig herum. Könnte die
Darstellung dieser Begebenheit uns nicht belehren,
welche Zufälle, welche Schicksale der Mensch bei allem seinem Glücke, bei aller seiner Größe, bei aller
seiner

seiner Wahrheit unterworfen ist? Und giebt es nicht
dergleichen Quellen tausend, durch welche der Dichter zu unserer Sittlichkeit auch vermittelst unangenehmer Bewegungen beitragen kann?

Wir wollen sehen, ob dieser Einwurf gegründet
ist. Man nehme an, daß der Karakter des Lear nebst
seinen Kindern zeige, wie wenig erwiesene Wohltha-
ten und gut gemeinte Absichten belohnt werden. Diese
Lehre nun hat der Verfasser der Sechs Schüsseln in
seinem Lustspiele auch angewendet. Wir sehen darin
die Undankbarkeit, mit welcher die Frau von Schmer-
ling den Hofrath begegnet. Wie sie alle seine Wohl-
thaten mit schnödem Stolze erwiedert. Ihm seinen
Stand vorwirft, und über den ihrigen thriumphiret,
der doch nur durch seine Gutherzigkeit in gehörigen
Würden erhalten worden.

Worin ist nun die zwiefache Anwendung dieser
Morale auf menschliche Begebenheiten verschieden?
Ist es nicht in den Umständen selbst? Ist nicht der
Gesichtspunkt, den der Dichter in dem ersten, und
den er in dem zweiten hat, gänzlich verschieden? Man
erwäge: daß uns dort der Dichter, als tiefer Beobachter unsrer Natur, eine Vorstellung von derselben
verschaffen will. Man erwäge, daß dort der Dichter, um dieses zu erreichen, nur an der uns allgemeinen Natur sich halten muß, nur auf die uns allgemein
eige-

eigenen Bewegungen und Leidenschaften Rückficht
nehmen darf. Und betrachte wieder: daß im letzten
Falle, der Dichter als der feinste Beobachter, nicht
unsrer Natur so wie sie wirklich ist, sondern wie
sie unter den Umständen modificirt ist, angesehen
werden kann. Dort nimmt der Dichter auf das
Natürliche, hier auf das Umständliche Rückficht. Mit
andern Worten: dort ist es unsere Natur, welche erscheint; hier sind es unsere Sitten *).

Sind

---

*) Die Sitten sind das Zufällige, das der Dichter unsern
unangenehmen Bewegungen unterschiebt. Ich sage das
Zufällige und nicht das Nothwendige. Und Aristoteles
hat dies schon in Rücksicht der Tragödie behauptet.
ηκ κι οπης τα ηϑη μιμησωνται; πρηττησιν, αλλα
τα ηϑη συμπεριλαμβανησιν δια τας πραξις. ωςι
τα πραγματα, και ο μυϑος τιλος της τραγωδιας,
το δι τιλος μεγιςων ιςιν. ανιν μιν γαρ πραξιως ηκαν
γινιιτο τραγωδια. ανιν δι ηϑαι γινοιτ' αν. αι
γαρ των ινων των πλιιςων, ανϑιις τραγωδιαι τιςι, και
ολως ποιηται πολλοι τοιητοι. Poet: c: VI. —
Curtius will hier in einer Anmerkung behaupten: daß
Aristoteles den damaligen neuern Dichtern einen Vorwurf macht, weil sie in ihrem Trauerspiele keine Sitten
einführen. Ich weiß nicht ob ich auch dieser Meinung

sein

F

Sind aber die Gesichtspunkte verschieden, so können sie auch nicht einerlei Wirkung haben.

Der Dichter wird daher nie durch unangenehme Bewegungen auf unsere Sittlichkeit Einfluß haben können, aber wohl auf unsere Natur, in so fern es Erregung gewisser Bewegungen und Leidenschaften betrift.

sein soll, indem ich unentschlossen bin was Aristoteles unter dem Ausdruck Sitten (ηθη) verstanden. Ich weiß nähmlich nicht ob Aristoteles unter diesem Worte das wir im teutschen durch Sitten geben, entweder verstanden, das was der Engländer durch Sentiment versteht, nehmlich: einen Gedanken, eine Gesinnung oder Handlung die uns eine Leidenschaft eingiebt, oder ob er darunter verstanden; eine Gewohnheit, Fertigkeit (wodurch die Sitten entstehen) welche uns zu einer Leidenschaft führt. Jene Aktion entsteht aus einer Anlage die wir von der Natur erhalten haben, diese von einer genossenen Erziehung. Jene zeigt sich durch die Leidenschaft, durch diese zeigt sich erst die Leidenschaft — Hat Aristoteles die Methode an den neuern Dichtern wahrgenommen, durch die Leidenschaften die Sitten (die sich nur in Gesinnung und Handlung äussern) darzustellen; so hat Aristoteles ihnen keinen Vorwurf machen wollen und können. Nicht wollen: denn das ist die Natur der Tragödie, durch die Leidenschaften unsere Sitten darzustellen.

Wir finden daher immer bei einer zu ihrer Bildung
erst übergehende Nation, eher Dichter, die Begebenheiten zur Erregung unangenehmer Bewegungen be-
handeln, als das Gegentheil. Der Mensch zeigt sich
noch in dieser Epoche wie er ist. Seine Neigungen

F 2

und

stellen. Nicht können: er hätte sich selbst widerlegen
müssen, denn die größte Meisterstücke der Alten, die er
selbst anpreißt, sind nach dieser Methode bearbeitet.
Oedip, Orest, und mehrere. — Hat er die andere Methode wahrgenommen: durch die Sitten die Leidenschaften darzustellen, so war sein Vorwurf gegründet, und als
denn stimme ich Curtius bei. — Aber daß er es nicht
so gemeint, daß er nicht durch die Sitten die Leidenschaften will vorgestellt wissen, und daß bei ihm Sitten
das nicht anzeigen, was wir durch Erziehung und Gewohnheit erhalten, glaube ich beweisen zu können. Aristoteles sagt in einer andern Stelle seiner Poetik, wo
er von den Fehlern in Darstellung der Sitten spricht:
τὰδε ἀνωμαλα, η ἐν Αυλιδι Ιφιγενια, ἀδεν γὰρ
ἐοικεν ἡ ἰκετευουσα τη υστερα c. XV. Dieß zeigt ohnfehlbar daß Aristoteles nicht Leidenschaften durch Sitten;
sondern Sitten durch Leidenschaften will vorgestellt sehen.
Dieß sind aber keine Sitten im eigentlichen Verstande;
sondern wie man aus dem Wortverstande sehen kann:
Gesinnungen, Handlungen die bei der Iphigenia durch
die Leidenschaft der Furcht und Entschlossenheit hervorgebracht werden.

und Leidenschaften tragen noch das ächte Siegel der
einfachen Natur.

Fertur, Prometheus addere principi
Limo coactus, particulam undique
Defectam, et infani Leonis
Vim ſtomacho appoſuiſſe noſtro.

Ein jedes Individuum der Menſchheit, iſt noch
nicht auf der und der Art modificirt, und es ſieht ſich
noch nicht in die Nothwendigkeit verſetzt, ſich nach
einer gewiſſen Form umzubilden. Der Dichter findet
daher in dieſer Zeit immer mehr Gelegenheit, unangenehme Bewegungen zu erregen; da ſie aber außer-
dem einen größern Eindruck auf die Menſchen zu machen vermögen, und dieſes der einzige Zweck iſt, den
der Dichter in jener Zeit bei ſeinem Werke haben
kann; ſo zieht er zugleich immer die Darſtellung unangenehmer Gegenſtände, der Darſtellung angenehmer vor.

Allein die Zeit, während welcher ſolche Begebenheiten bearbeitet werden, die zur Erregung angenehmer Bewegungen beitragen, folgt erſt, wie wir ſehr
leicht wahrnehmen können, mit ſchweren Schritten
auf jener. Die Verſchiedenheit, die Mannigfaltigkeit in der Form unſrer Natur, oder in dem Zuſtande, worin ſie ſich befinden kann, und die Epoche, in welcher ſie der Dichter vorzüglich intereſſant,

das

das heißt, ohne ihren moralischen Zweck zu verfehlen, bearbeiten kann, folgt erst nach einer gewissen angenommenen Sittlichkeit, und nach dem gefundenen Maaßstab, der sie billigt oder verwirft.

Nimmt man nun noch hierzu die Ursachen, die ich angegeben, warum der Dichter nur durch angenehme Bewegungen auf unsere Sittlichkeit Einfluß haben kann; so wird daraus erhellen: daß unangenehme Bewegungen nie auf unsere Sittlichkeit Einfluß haben können.

Soll der Dichter aber, hör ich fragen, durch angenehme Bewegungen nur auf unsere Sittlichkeit Einfluß haben können? Und sollen die übrige Künste dieses Vortheils entsagen müssen? Keineswegs!

Man kennt die Wirkung der Tonkunst. Man kennt ihren Einfluß auf die menschliche Natur. Man weiß, wie sehr angenehme Töne das menschliche Herz bilden, es zur Sittlichkeit und zur gesellschaftlichen Uebereinstimmung einladen. Dieses Urtheil kommt von allen, wie aus einem Munde, und die Einbildungskraft hat dafür gesorgt, ihre Wirkung in den Zeiten des Orpheus zu personificiren.

Auch die Mahlerei, der man mit Recht den Namen einer stummen Poesie beilegt. Sie, die dasjenige

nige

nige ausdrücken soll, was wir denken, empfinden.
Sie, welche unser Inneres in ein Aeusseres verwandeln soll. Sie, die einem jeden äussern Punkte, einen innern entsprechen lassen muß. Diese so feine,
und in allen Nuanzen erhabene Kunst, hat auch hinlänglich Mittel, ihre Energie auf die Sittlichkeit der
Menschen auszubreiten.

Die Mahlerei hat es zwar hierin mit der Poesie
gemein, daß sie uns ebenfalls angenehme Bewegungen zu erregen vermag. Eine schöne Gegend die Ti-
tian oder Carache gemahlt, ist uns ein angenehmer
Anblick. Und welchen Eindruck machte nicht die
Mahlerei auf Znauxis, den gröſten Mahler des Alterthums? Wenn anders das wahr ist, was ein
Schriftsteller erzählt: daß er sich durch das Lachen
über ein altes Weib, welches er selbst gemahlt, den
Tod zugezogen.

Sie wird auch bei uns, wie die Poesie, eher ihren Zweck erreichen, und einen größern Eindruck machen, wenn sie uns starke Leidenschaften, hervorste-
chende Karaktere und Begebenheiten zeigen; wenn
sie uns die Opferung der Iphigenia anstatt einer bü-
pfenden Galathäe, den Leichnam der Lukretia anstatt
ein schäumendes Roß, darstellen wird.

Allein

Allein eben so wie sie durch dergleichen Gegen=
stände unsrer Natur zu nahe kommt, oder in uns
Bewegungen und Leidenschaften zu erregen vermag;
so vermag sie wiederum unsere Sittlichkeit durch an=
genehme Gegenstände zu befördern. Ein luftiger
schön bewölkter Himmel mit allen seinen Reitzen, die
er in der Natur hat, von einem Lorrain gemahlt,
muß unsere Seele nicht bloß angenehm sein, sondern
muß sie mit den erhabensten Bewegungen, die ein
solcher erhabener Gegenstand in uns zu erregen ver=
mag, anfüllen können. Vorzüglich wird dasjenige
Gemälde diese Wirkung auf uns machen, wo dieser
Künstler das Bild der Sonne, wie Allagarotti sagt,
dargestellt, welche die Mahler, so wie der Höchste
sich dem Menschen nur durch seine Werke zeigt, ver=
mittelst ihrer Wirkungen nur darzustellen vermö=
gen. — Eben diesen Eindruck machte Phydias durch
seine Bildsäule des Jupiters. Es sahe sie keiner, der
nicht mit dem erhabenen Bilde der Götter dadurch
angefüllt ward, dem sie nicht größere Ehrfurcht gegen
sie einflößte. — Wie angenehm ist nicht eine solche
Bewegung! Und welche Triebfeder ist sie nicht zu=
gleich für unsere Sittlichkeit!

Von ganz anderer Art ist die Bewegung, die uns
das Gemälde des Poussin erregt, wo die Fröhlichkeit
der Schäfer, durch eine rührende Inschrift unter=
brochen wird. Und noch von ganz anderer Natur

F 4   und

und Beschaffenheit, sind die Gemählde, die der unsterbliche Sulzer zum moralischen Nutzen dieser Kunst vorschlägt *). Wenn der Mahler eine Situation des Dionysius, des Cajus Marius, und dergleichen, in ein Gemählde zu bringen sucht; so befindet er sich mit dem Dichter in einem Verhältnisse. Er mahlt das Natürliche, und nicht das Umständliche. Bewegen wird er uns, aber nicht bessern. Leidenschaften wird er uns erregen, aber nicht Neigung zur Sittlichkeit.

Eben jenen Zweck, durch angenehme Bewegungen unsere Sittlichkeit zu befördern, hatte der Lakonische Hogart in seinen Werken am vortrefflichsten erreicht. Ich erwähne nur einen Gedanken, den ein gewisser Schriftsteller über ihn geführt. „Seine Werke sind ein Buch, das der gemeinste Mann lesen kann, und wo der allezeit sinnliche, und in die Augen fallende Unterricht, die Einbildung belustiget und aus Herz bringt, ohne den Verstand zu ermüden.“

Die Kunstrichter haben nicht unrecht, wenn sie immer behaupten: daß die Tragödie nicht auf Besserung unsrer Sittlichkeit Rücksicht nehmen darf, sondern nur auf Erregung der Bewegung und Leidenschaf-

*) Sulzers Theo. der sch. K. und W. Art, moralisches Gemäld. Th. 3. S. 285.

schaften. Allein alsdenn wird auch dieser Grundsatz sich auf die Mahlerei anwenden lassen. Die Mahler, die es versucht haben, einen Gegenstand darzustellen, der uns unangenehme Bewegungen erregt, haben nie auf das Moralische, nie auf das Sittliche Rücksicht genommen. — Doch diese Materie werden wir in der Folge näher zu entwickeln Gelegenheit haben.

IX.

IX.

Ich will nun wieder zum Faden meiner Ideen zurückkehren, wovon mich meine letzte Anmerkungen
abgerufen haben.

Wenn wir auf die Bewegungen in uns acht geben; so werden selbst die gleichartige unter sich eine
Verschiedenheit haben, je nachdem die Ursachen davon, hier oder da von einander abweichen werden.
Diese Abweichungen aber würden sich, in eine gewisse
geordnete gebracht, auf die verschiedene Bewegungen
anwenden lassen. Da wir uns jetzt mit den angenehmen Bewegungen beschäftigen, so sollen sie uns auch
gleich diese Beobachtung erläutern helfen. — Wenn
wir ein grosses Gebäude sehen, ergötzt es uns, ein
Lustwald erquickt uns, und ein schönes Kind belustiget uns. Bei einem jeden dieser Gegenstände empfinden wir eine angenehme Bewegung. Aber wie verschieden ist eine von der andern? Ich glaube in jenen
dreien Fällen, die Verschiedenheit der angenehmen
Bewegungen völlig begreifen zu können. Alle werden
sie

sie sich daher in ergötzende, erquickende und belustigende eintheilen lassen.

Um diese aber deutlich entwickeln zu können, müssen wir auf die Gegenstände, als die Ursachen derselben, zurückkommen. Da diese unter sich selbst verschieden sind, so wollen wir alle Gegenstände, die
uns etwa angenehm sein können, ebenfalls unter drei
Abtheilungen bringen. Wir theilen daher alle angenehme Gegenstände in große, schöne und kleine. —
Eine genauere Entwickelung dieser Ursachen und ihrer
Eigenschaften, wird uns auf eine Stufenleiter unsrer
angenehmen Bewegungen führen, die uns einen Faden zu unsern Beobachtungen geben wird.

Wir wollen, um unsere Ideen über diese Materie
in gehöriger Ordnung vorzutragen, diese Eigenschaften der Reihe nach näher entwickeln. Wir wenden
uns also zuerst zur Eigenschaft des großen.

Ein jeder große Gegenstand ergötzt uns. Eine
Kette von Gebürgen, ein weitläuftiges Meer das von
Schiffen belebt wird: Machtsprüche, die der Vorstellung vom Gegenstande, von dem sie kommen, entsprechen, versehen uns mit einer Bewegung, die uns
ergötzt. Eine ergötzende Bewegung hat das Eigenthümliche: daß sie unsere Seelenkräfte nicht in allzu
scheinbarer Bewegung setzt. Die Bewegung ist viel-

mehr

mehr stark als lebhaft. Sie entsteht in uns nicht gradweise, sondern in einem Momente, in dem, wo die Wirkung am höchsten sein soll. Sie hat daher nicht viel Figürliches. Sie dehnt sich nicht sehr auf unser Aeußeres aus. Sie wirkt sehr einfältig, und läßt sich nicht sehr gut wie jede andere Bewegung, durch viel Gestikulation ausdrücken. Ja sie verhindert vielmehr diese, wenn der Genuß recht anziehend ist. Wir sehn daher einen Menschen, der einer ergötzenden Bewegung theilhaftig ist, ganz lässig in seinem Betragen, mehr in sich selbst gekehrt sein, und mehr Aufmerksamkeit auf sich selbst haben. Die nähere Entwickelung ihrer Ursache, wird uns hierüber mehrere Erläuterung geben.

Zu den ergötzenden Bewegungen sind aber wiederum verschiedene Modifikationen vorhanden, die ich nur in den Gesinnungen merkbar machen will. — Wenn einer von des Leonidas Mannschaft, bei dem Gericht von der zahlreichen Persischen Armee, und von der unzählbaren Menge ihrer Waffen, die selbst das Licht der Sonne verdunkeln, ausruft: „Wohlan! So werden wir im Schatten fechten; so stellen wir uns das Spartanische Heer vor, das diese unzählbare Menge widerstehen soll. Unsere Phantasie bildet sich die Idee ihrer Herzhaftigkeit, und ihres unerschrockenen Muthes. Wir können ihre große Tapferkeit nicht überdenken. Hier gerathen wir in Ehrfurcht, wir bewun-

bewundern. — Wenn Themistokles einen Seriphier,
der ihm vorwarf; daß er seinen Ruhm nur seinem
Vaterlande zu verdanken hätte, zuruft: „Recht! Aber
du würdest weder als Athenienser, noch ich als Seriphier
berühmt worden sein" So machen wir uns eine Vorstellung von dem stolzen und zugleich edlen Themistokles. Wir stellen uns vor, wie gerührt er durch diesen
Vorwurf war, und wie er ihn durch einen großen Gedanken zu begegnen und zu verdrengen suchte. Wir
verwundern uns über seine Größe, wir erstaunen. —
Wenn aber die Mutter des Coriolan, der Rom mit
einem Heere belagerte, mit diesen Worten zu ihm ins
Lager tritt. „Ich mag keine Umarmung, bevor ich
nicht weiß, ob ich zu einem Feinde, oder zu einem
Sohne komme *)." So schätzen wir eine solche Mutter, die den Schmeicheleien ihres Sohnes nicht Gehör giebt, und ihn erst zu seine Pflicht führen will.
Wir freuen uns über ihre edle Gesinnung. Sie flößt
uns eine Hochachtung ein, die sie uns in unsern Augen schätzbar macht.

Alle diese drei Situationen sind uns ergötzend.
Aber wie verschieden sind sie? Beim Leonidas bewun-
dern wir; beim Themistokles erstaunen wir; bei der
Mut-

*) Liv. LII. c. XL. „Sine, priusquam complexum ac-
cipio, sciam (inquit) ad hostem, an ad filiam
venerim,"

ter des Coriolan ſchätzen wir. Beim erſten iſt es das
Erhabene, beim zweiten iſt es das Große, und bei
der dritten iſt es das Edle, das uns vorgeſtellt wird,
und das uns ergötzt.

Dieſe Modifikationen ſind aber gewiß nicht blos in
ihre Ausdrücke, ſondern an und für ſich verſchieden. Eine jede hat ihr Eigenthümliches. Eine
jede giebt unſrer Seele eine andere Stimmung.
Eine jede berührt ein anders Syſtem in ihr. Die
Bewegungen die das Erhabne, Große und Edle erregt, werden daher oft verwechſelt, weil man die
Gegenſtände oft nicht in ihrem Weſentlichen zu unter-
ſcheiden weiß. Oder weil man den Bewegungen ſelbſt
ſchwankende Beſtimmungen giebt. Und wir werden
ſehen, daß dies der Fall bei allen Modifikationen einer
gewiſſen Art von Bewegungen iſt.

———————

X.

X.

Da wir nun das Große in seinen verschiedenen Modifikationen entwickelt, wollen wir die erste desselben,
nehmlich: das Erhabene, etwas näher in Betrachtung ziehen.

Dem Erhabenen folgt immer die uns angenehme
Bewegung der Bewunderung. Bewundern können
wir eigentlich, wenn wir eine Eigenschaft an einem
Gegenstande wahrnehmen, die uns nicht in solchem
Maaße eigen ist. Wir schätzen sie an und für sich.
Wir nehmen sie am Gegenstande im hohen Grade
wahr. Wir können seine Größe nicht überdenken,
und daher entsteht die Ehrfurcht die uns ein erhabener Gegenstand zugleich einflößen muß.

Das Erhabene kann nichts von seiner Annehmlichkeit verlieren, wie einige Kunstrichter im Gegentheile
behaupten wollen, wenn wir unsere Eigenschaften mit
denjenigen des erhabenen Gegenstandes vergleichen.
Denn nimmt man an: daß ein jeder Mensch einen
gewiſ-

gewiffen bleibenden Grad von innerem Bewußtsein seiner Vollkommenheit hat; so ist es ausgemacht, daß er durch die Größe der Vollkommenheit eines andern Gegenstandes keine Unlust empfinden wird. Der Mensch, der seinen Beruf, seine Pflicht gemäß, seinem Ziele befolgt, bewundert eine jede andere Vollkommenheit, wenn sie keinen Bezug auf diejenige hat, die er seinem Berufe gemäß zu erreichen strebt.

Bei demjenigen findet man aber Kleinmüthigkeit des Geistes, der einen erhabenen Gegenstand sieht, und ihn mit dem geringsten Grad von Unlust verläßt. Die wahre Empfindung für das Erhabene muß für sich selbst sprechen, nicht aus uns, sondern aus dem Gegenstand selbst entstehen. Sie muß uns, vermittelst ihrer Natur, ergötzen, muß uns nicht erniedrigen, sondern selbst erhöhen. Daher sagt Longin: „Ein Mann von Geschmack und Seele, wenn der etwas hört, und nicht fühlt, daß seine Seele aufgespannt ist, und wenn er bei öfterer Wiederholung nichts fühlt; so ist es ein Merkmal, daß nichts wahrhaft Erhabenes ist gesagt worden *).

Es verräth immer eine vernachläßigte Kultur, wo kein Gefühl für das wahre Erhabene angetroffen wird. Dies ist der Fall beim gemeinen Haufen. Indem er
keine

*) Περι υψυς τμημα θ.

keine erhabenere Eigenschaften als die seinige wähnt,
sucht er auch nicht seinen Geist durch sich selbst empor
zuheben, sondern er erhält immer einen bleibenden
Grad in seiner Bildung, und er findet daher keine
höhere Geisteskraft an andern Wesen. Das Erhabene
findet er nie, wenn es sich ihm nicht aufdrängt. Es
vermag daher nicht mit seiner ihm eigenen Energie
auf ihn zu wirken, und die Edle Bewegung der Ehr
furcht, die es sonst zu erregen pflegt, verwandelt sich
bei ihm in Furcht. — Dieses ist auch der Fall bei de
nen, die durch ein verdrängtes oder abgestumpftes na
türliches Gefühl, oder durch eine erdrungene Sittlich
keit, einer jeden natürlichen Bewegung Abschied ge
ben. Das Erhabene kann auch bei ihnen keinen äch
ten Eindruck machen, und die Ehrfurcht geht auch bei
ihnen immer in Furcht über.

Derjenige Grad von Sittlichkeit der dazu erfordert
wird, Bewegungen durch Erhabene Gegenstände theil
haftig zu werden, braucht aber nicht in einen superfi
ciellen und geläuterten überzugehen. Das wahre Er
habene zu empfinden, braucht man nur die Kunst zu
besitzen, den Dingen ihren wahren sittlichen Werth
beizulegen. Dieser sittliche Werth mag sich nun auf
einer gebildeten Einsicht stützen oder nicht; so behält
der Gegenstand immer einen Werth in den Augen
desjenigen, der ihn für erhaben hält. Lasset immer
Athen, die Werke des Praxiteles, des Homer, des

G

Plato

Plato bewundern. Mögen immer ihre Werke ihnen
diejenige Ehrfurcht einflößen, die man ihrem erhabenen Geiste schuldig ist. Der Bewohner der freund-
schaftlichen Inseln wird deshalb nichtsweniger eben
eine solche Ehrfurcht gegen seinen König Poniaho
und seinen Gott Otooa haben. Auch er wird ihnen
einen Werth beilegen, der, so gering er in unsern
Augen ist, sie ihm in den seinigen ungemein ver-
größert.

Ein erhabener Gegenstand, muß aber an und für
sich gewisse Eigenschaften haben, die sich werden entwickeln lassen, ohne auf den Eindruck Rücksicht zu
nehmen, den sie auf uns machen. Ein erhabener Gegenstand muß in seinem Wesen, mehr intensives als
extensives haben. Er muß in der Vorstellung einfach
sein, allein in den Ideen mannigfaltig. Ich sehe
Alexander. Ich sehe ihn, und gerathe in Bewunderung. Gewiß nicht seines eingebogenen Halses, seiner untersetzten Statur wegen, wie Lisipppus sie gemahlt. Gewiß nicht seiner wohlriechenden Dünste
wegen, die er, wie Plutarch den Aristoxen ausschrieb,
vermittelst seines ganzen Körpers ausdünsten sollte;
sondern ich sehe ihn, und diese Vorstellung erweckt in
mir die Ideen, der größten Herzhaftigkeit, des unerschrockenen Muthes, womit er die Welt unter seinen
Zepter brachte, der unzählbaren Thaten seiner Gros-
muth und Bescheidenheit, die weit seine begangene

Fehl-

Fehltritte überwiegen; und so erregt er in mir Bewunderung und Ehrfurcht. — Ich sehe ein gothi-
sches Gebäude, ich trete in die Westminster Abtei,
und komme auf den Schweizersaal. Ich gerathe in
Bewunderung und Ehrfurcht. Sind es die stäubigen
Wände, die abgefallenen Steine, und die gewöhnlich
mannigfaltige Gebrechen, solcher alten Gebäude, die
mir diese Bewegungen erregen. Ich zweifle sehr.
Nur die gröste Mannigfaltigkeit der Ideen, die sich
uns beim Anblick solcher Gegenstände darbietet, wird
es sein die uns jene Bewegungen verursacht.

Wird aber das Erhabene, durch einen gröſern
Vorrath von intensiven Eigenschaften erhöht, wird
seine Energie bei einer gröſern Mannigfaltigkeit von
Ideen befördert; so wird in uns die Wirkung des
Erhabenen statt finden, wenn wir eine dunkele Idee
von der Mannigfaltigkeit erhalten. Daher kommt
es, daß das Erhabene, ob es uns gleich ergötzt, doch
mehr zur Ernsthaftigkeit als zur Fröhlichkeit führt.
Wir sind in unsern Ideen, um gewiſſe Grade unbestimmt; d. h. die Unbestimmtheit ist so groß, daß sie
uns nicht Unlust erregt, und die Bestimmung in der
Vorstellung trägt dazu bei, daß sie uns zugleich
ergötzt.

Wenn wir den geringsten Grad von Vergnügen
bei einem Gegenstande empfinden sollen; so muß un-

sere

sere Seele zu Ideen und Vorstellungen bestimmt sein.
Da ein erhabener Gegenstand aber, in seinen intensi=
ven Eigenschaften eine Dunkelheit hat, die die Seele
in ihren Ideen nicht ganz bestimmt; so darf diese
Dunkelheit nicht in der Vorstellung statt finden. Ein
erhabener Gegenstand wird daher solche Eigenschaften
besitzen müssen, damit er uns in der Vorstellung be=
friedigend bestimmte. Hier liegt nun der Grund, war=
um wir an dem Erhabenen zugleich das Einfältige
lieben. Unsere Vorstellungskraft muß bald befriedigt
werden, und unsere Phantasie muß mehr Beschäfti=
gung haben. Daher das Stille, das wir an dem Er=
habenen lieben, und das wir an allen erhabenen Wer=
ken der Griechen bewundern.

Soll aber das Erhabene uns in der Vorstellung
befriedigen, und müssen die intensive Eigenschaften
das Wesentlichste an ihm ausmachen; so wird es ein
Maas des Erhabenen geben, wovon immer die Ursa=
che vorhanden sein wird. — Das weite Meer ist
für uns ein erhabener Gegenstand. Allein die kolossa=
lische Bildsäule des Apollo, die mit ihren Hüften sol=
che ausgedehnte Höhe machte, daß die Schiffe in
völligen Segel durchfahren konnten, werde ich nie
zu den erhabenen Gegenständen zählen können. Das
weite Meer ist deshalb ein erhabener Gegenstand für
uns, weil seine Theile dem ganzen ähnlich sind. Un=
sere Seele hat daher, soweit unser Auge es auch nur

fassen

faſſen mag, immer ein Ganzes, ob es gleich nicht das
ganze Meer überſieht. Die Vorſtellung iſt vollkommen, allein in den Ideen die ſie verurſacht, kann die
Seele keinen Standpunkt, keine feſte Beſtimmung
finden: Nimmt man nun jene koloſſaliſche Bildſäule,
an der ſich unſer Auge bis an den Hüften verliehrt,
und von da ſie uns endlich zu einem Nichts übergeht,
weil wir ſie nicht deutlich ſehen können; ſo wird ſie
uns nie eine erhabene Bewegung erregen. Die Urſache erhellt aus dem Vorigen. Das Erhabene erfodert Beſtimmung in der Vorſtellung, und dieſe wird
hier nicht ſtatt finden. Daher wird auch die koloſſaliſche Größe, die die Alten wie Herodot ſagt, ihren
Göttern zu geben pflegten, ohnfehlbar eine Einſchränkung gehabt haben *). — Ferner: ein heiterer Abend
an dem das Firmament mit funkelnden Sternen ge-
ſchmückt iſt, iſt ebenfalls ein erhabener Gegenſtand.
Allein wenn dieſe Dunkelheit Finſterniß wird, haben
wir nicht einen Erhabenen, ſondern einen ſchrecklichen
Gegenſtand. Wir bewundern nicht, ſondern wir
fürchten uns, und einige Kunſtrichter haben dieſer
Eigenſchaft den uneigentlichen Namen des Schreck-
haft-erhabenen beigelegt **).

G 3　　　　　　Das

*) Leſſings Laokora, S. 131. vergl. (Herders) Krit.
Wald. S. 169.

**) In der Folge werde ich mich hierüber näher zu erklä-
ren Gelegenheit haben.

Das wahre Maas des Erhabenen wird also hierin
bestehen, daß wir eine anschauliche Darstellung vom
Gegenstande, sei es mittelbar oder unmittelbar, haben müssen. Dies geschieht aber vorzüglich beim Erhabenen, wenn die Vorstellungskraft nicht zu sehr zer-
streuet wird. Es muß ein Punkt sein, der den Gegenstand von allen Seiten erleuchtet, und dieser Punkt
darf jedoch nicht blendend sein. Daher kömmt es,
daß einfältige Gegenstände uns oft die erhabenste Bewegungen beibringen Ein Haufen Steine, als das
Merkmal einer vorgefallenen Schlacht, Ein verfalle-
ner Tempel, als der Ueberrest vergangener Größe,
kann uns eben so in Ehrfurcht versetzen, als ein mit
Einfalt und Ebenmaaß aufgeführtes Gebäude u. dergl.
Das Erhabene kann von der Bildsäule des Olympi-
schen Jupiters bis auf die eines Ruland gleich wirksam seyn.

Wir finden daher auch, daß die Dichter den höchsten Grad des Erhabenen erreicht haben, wenn sie den
Ausdruck gewählt haben, der weder den Gegenstand
zu sehr ausdehnt, noch ihn zu sehr erleichtet. Im ersten
Falle finden wir sie wässerig, im andern schwülstig.

So ist es auch bei den schönen Künsten. Wenn
sie uns einen erhabenen Gegenstand darstellen wollen,
so vermögen sie es durch Einfalt am ersten zu erreichen. Die Mühe, die sich ein Künstler oder Dichter
giebt,

giebt, das Erhabene durch extensive Größe darzustel,
len, ist daher nicht blos vergeblich, und wie Watelet
sagt:

Vous vouliés m'étonner le succes est contraire

Et vous en eu joué moins d'effort pour me plaire.

sondern sogar nachtheilig. Das Objekt, welches mit
einer gewissen Energie auf uns wirken soll, müssen
wir zwar wahrnehmen. Allein beim Erhabenen muß
das Objekt als bloßes Mittel, als gelegentliche Ursache zur lebhaftern Wahrnehmung, angesehen werden.
Eine Menge von Eigenschaften brauchen daher das
Extensive, oder den Umfang eines erhabenen Gegenstandes nicht auszumachen. Das Erhabene muß mit
Leichtigkeit ausgeführt sein. Es muß nicht die Hand
des Meisters zeigen, die es angebracht. Es muß sich von
selbst erkennen lassen. Es muß so zu sagen das Resultat aller Eigenschaften ausmachen. Es muß nicht
hervorragen vermittelst seines Glanzes; sondern vermittelst seiner Bedeutung.

Die Bedeutung ist das für die Seele, was die
Stärke für den Körper ist. Je mehr Kräfte man auf
den Widerstand eines Körpers anwenden muß, desto
stärker ist er. Je mehr Aufmerksamkeit, Anstrengung
die Seele auf einen Gegenstand anwenden muß, desto
bedeutender ist er. Wenn die Seele aber mehr Aufmerksamkeit auf einen Gegenstand wendet; so sagt
man, er hat mehr Intresse für sie. Das Bedeutende

G 4

ist

ist also eine Eigenschaft, die den Gegenstand intreſ-
ſant macht. Iſt aber mehr Stärke in einem Körper
vorhanden, in welchem die Kräfte mehr in einem
Punkte concentrirt ſind; ſo iſt auch das Bedeutende
intereſſanter, je mehr intenſive Eigenſchaften in einem
Punkte concentrirt ſind, und dann wird es für die
Seele erhaben.

Das Erhabene wird alſo durch das Bedeutende in
höherem Grade hervorgebracht werden, je größer die
Anzahl der Ideen ſein wird, die die Seele nöthigen
werden, mit mehrerer Aufmerkſamkeit und Anſtren-
gung daran zu haften. Deshalb iſt Newtons Theorie
von den Centralkräften, oder Kepplers Entdeckung
der elyptiſchen Kreiſe ein erhabenes; und Reaumürs
Entdeckung eines Mittels wider das Ungeziefer ein nie
niedriger Gegenſtand für uns. Wir gerathen in Bewunderung, wenn wir mit Lyonet einige tauſend
Muskeln an der Raupe anatomiren, allein gewiß
nicht, wenn uns ein Oekonom die Beſtandtheile und
die Anfertigung des gebrannten Waſſers analiſirt.

Wenn eine Menge von Ideen alſo die Seele bei
einem Gegenſtande feſthält, iſt der Gegenſtand bedeutend, und wenn ſie mit Mühe zu ihrer Beſtimmung
gelangt, iſt er erhaben. Die Dichter haben daher
auch den höchſten Grad des Erhabenen erreicht. Sie
haben dadurch die eigentliche Energie deſſelben, den
un-

unvermifchten Eindruck, den es auf uns machen muß,
aufs vortreflichfte erreicht. — Wenn beim Ovid der
Olymp eine Verfammlung über die Empörung der
Gyganten hält; fo läßt er das Stillfchweigen durch
den Höchften der Götter unterbrechen.

Terrificam, capitis concuffit terque quaterque
Cæfariem, cum qua terras, more, fidera movit.

Unfere Seele wird durch die Vorftellung intereffirt, fie
kann fich davon nicht losreiffen, die Jdeen, die in
ihr dadurch rege werden, feffeln fie an derfelben, und
erfüllen fie mit Bewunderung und Ehrfurcht. — Wenn
Thetis, beim Homer, den Jupiter auf den Knien,
wegen ihres Sohnes fleht, giebt er ihr das Zeichen,
ihre Bitte zu willfahren.

> Sprachs und bewegt die Schwarzen Braunen und
> nickt mit dem Haupte
> Vorwärts wallt das Ambrofia duftende Haar des
> Beherrfchers
> Am unfterblichen Haupte, und erfchüttert den großen
> Olympos.

Stollbergs Ueberfetzung.

Die Jdeen, die durch dergleichen Vorftellungen
in uns erregt werden, haben das Bedeutende zum
Grunde. Der Dichter fucht einen Moment, einen
Umftand auf, der fähig ift unfrer Seele das Bedeu-

G 5   tende

tende vorzustellen. So der Mahler, so der Tonkünstler. Jener kann durch eine Bewegung, dieser durch
einen Ton das Bedeutende hervorbringen. Ueber-
haupt schwingt sich die Kunst zum Erhabenen, wenn
sie unsere Sinne durch eine Vorstellung fesselt, die der
Seele nachzudenken giebt, die ihr den Gegenstand
entwickeln hilft, und der also bedeutend für sie ist.

Die Vollkommenheit der Bedeutung setzt Mengs
darin: „daß zum Exempel, ein zorniger, ein fröhli-
cher, ein trauriger Mensch, und so durch alle Leidenschaften, nicht anders als eben das bedeuten könne,
und mit solcher Stärke und Maaße, als es in jeder
Geschichte nöthig ist, damit man in einem Werke
durch die Gestalten die Geschichte erkenne, nicht aber
durch die Geschichte nur die Bedeutungen finde" *).
Recht. Eben die Vorstellung soll uns dasjenige zu
entwickeln lassen, was eben unsere Seele festhält,
was sie interessirt. Das Intresse aber steigt um so
mehr, je größer der Grad des Bedeutenden ist.
D. h. je stärker die Anzahl der intensiven Eigenschaften des Gegenstandes concentrirt ist.

*) Gedanken über die Schönheit und über den Geschmack
in der Mahlerei, S. 39.

XI.

XI.

Ich schreite nun zur Entwickelung des Großen, das uns noch manches Licht auf die Natur des Erhabenen werfen soll.

Das Große erregt in uns die Bewegung der Verwunderung. Es wird also eben so vom Erhabenen verschieden sein, wie bewundern vom verwundern verschieden ist. Beim verwundern haben wir immer eine gewisse Rücksicht auf uns, der Fall mag nun sein; daß wir eine gewisse Eigenschaft an einem Gegenstande nicht vermutheten, oder daß diese Eigenschaft an ihm die unsrige von gleicher Art übertrift. Dies ist beim bewundern nicht der Fall. Wir bewundern den Gegenstand nicht, weil die Eigenschaft neu, oder uns unerwartet an ihm ist; sondern wir bewundern ihn, weil er eine Eigenschaft besitzt, die uns schätzbar ist, deren ganzen Werth wir kennen, und um derentwillen der Gegenstand, bei dem wir ihn finden, selbst Bewunderung verdient.

Das

Das Wohlgefallen, das unsere Seele am Neuen
und Unerwarteten eben genießt, gründet sich auf einer
ihrer Neigungen, die sich unmittelbar aus der Bestimmungskraft der Seele herleiten läßt, und die man
die Neugierde zu nennen pflegt. Es giebt kein Gegenstand, der der Seele nicht in gewissen Graden angenehm seyn sollte, wenn er sie mit einer neuen oder
unerwarteten Idee versieht, d. h. ihre Neugierde befriedigt. Die Neubeit ist aber zugleich vermögend,
einem Gegenstande bei aller seiner Allgemeinheit ein
solches Ansehen zu geben, daß er uns beim ersten
Anblick, oft als groß erscheint, und in uns eine starke
Bewegung zu erregen vermag. Denn alles, was neu
und ungewöhnlich ist, „sagt der vortrefliche Addison"
erregt ein Vergnügen in der Einbildungskraft, weil
es die Seele in ein angenehmes Erstaunen versetzt,
ihre Neugierde befriedigt, und ihr eine Idee giebt,
die sie vorher nicht hatte.

Die Ursache läßt sich leichter finden, als man glauben sollte. Unsere Ideen sind noch nicht mit der Vorstellung des Gegenstandes vergesellschaftet. Die Vorstellung von ihm ist von unsern Kenntnissen isolirt,
und es kostet daher der Seele Mühe, von ihm eine
wahre Vorstellung zu erlangen.

Das Neue ist uns daher nicht blos wegen der
ausserordentlichen Eigenschaften, die wir an ihm
wahr-

wahrnehmen, angenehm; sondern weil unsere Seele
eine neue Bestimmung erhält, wenn ihre Neugierde
befriedigt ist, indem die Mishelligkeit, die zwischen
der Vorstellung und unsern Ideen statt fand, endlich
aufgehoben wird. Wenn der Gegenstand daher von
solcher Beschaffenheit ist, daß es uns schwer wird,
eine Vorstellung davon erhalten zu können; d. h.
wenn wir in der Vorstellung um einen Grad unbestimmt bleiben, denn gesellt sich zu jenem Wohlgefallen an der Neuheit die Bewegung der Verwunderung;
und wir halten ihn alsdenn nicht blos für neu und
unerwartet, sondern für groß; oder, wie man auch
gemeiniglich diese Art des Großen zu nennen pflegt,
für wunderbar.

Jene Neigung der Seele: die Neugierde, entwickelt
und verfeinert sich aber immer, je höher der Grad
unsrer Sittlichkeit steigt. Diese entwickelt in uns
endlich das, was wir Eigenliebe nennen. Die Eigenliebe ist uns in unserm noch nicht sehr verfeinertem
Zustande nicht sehr eigen. Wir behelfen uns dann
noch, um den ersten Schritt zu unsrer Bildung zu
thun, mit der blosen Neugierde. Sie ist, wie bekannt, das Triebrad unsrer primitiven Erkenntniß.
Durch sie wird am ersten der kleine Vorrath von Kenntnissen bereichert. Wenn unser sittliches Gefühl aber
zur größern Bildung übergeht, dann entwickelt sich
in uns die Eigenliebe. Durch sie fangen wir an einen

Werth

Werth auf unsere Eigenschaften zu setzen. Wir isoli-
ren uns gleichsam von andern Wesen, und suchen
uns einen eigenen Werth zu geben. Daher sagt Rouſ-
ſeau: „daß die Eigenliebe ein verhältnißmäßig falſches
Gefühl iſt, das in der Geſellſchaft entſtanden, das
jedes Weſen antreibt, mehr auf ſich ſelbſt, als auf
andere zu halten, und das dem Menſchen alles das
Uebel einflößt, welches ſie einander zufügen. Und iſt,
ſetzt er hinzu, die wahre Quelle der Ehre *).“

Den Werth, den wir aber im ſittlichen Leben auf
unſer Selbſt ſetzen, und der ſich blos auf der Eigenliebe gründet, verträgt ſich immer zugleich mit dem
Vorrath unſrer Erkenntniß. Und es ſcheint ausgemacht zu ſein, daß ſo wie dieſer zu- oder abnimmt,
wir jenen erhöhen oder erniedrigen. Wenn wir nun
den Werth eines Gegenſtandes gegen den unſrigen
vergleichen; ſo muß es unſrer Eigenliebe nicht wenig
ſchmeicheln, wenn wir den Werth eines andern um
einige Grade erniedrigt finden; im Gegentheile ihr
aber nicht wenig verdrüßen, wenn er über den unſrigen erhöht iſt. Dieſe Vergleichung kann aber nur bei
einem Gegenſtande ſtatt finden, der mit unſern Ideen
vorzüglich mit derjenigen, die wir über den Werth
verſchiedener unſrer Eigenſchaften haben, in Verhältniß

*) Diſcours ſur l'origine de l'inegalité entre les hom-
mes. remarq. o.

niß steht. Besitzt er nun eine Eigenschaft, die die
unsrige in gewissen Graden übertrift, und die wir
zugleich nicht an ihm vermutheten; so muß unsere
Seele in Verwunderung gesetzt werden, und alsdenn
den Gegenstand ohnfehlbar als groß betrachten.

Aus dem Gesagten erhellt: daß wir die Bewegung
der Verwunderung sowohl durch Gegenstände die uns
wunderbar erscheinen, erhalten, als auch durch Gegenstände, deren sittliche Eigenschaften die unsrige übertreffen, und die wir gemeiniglich groß nennen. Wir wollen
daher über beide; über das Große und Wunderbare
nähere Betrachtungen anstellen.

XII.

Wenn das Neue an einem Gegenstande zu einem solchen Grade anwächst, daß es eine Größe erreicht, die unsere Vorstellungskraft nicht zu erreichen vermag, denn sind wir geneigt, den Gegenstand als wunderbar zu betrachten. Das Wunderbare muß daher etwas uns Unbegreifliches haben. Es muß unsere Vorstellungskraft auf eine gewisse Art irre führen. Es muß uns überraschen, und mehr zu betrachten als nachzudenken geben.

Gegenstände also, die unsere Aufmerksamkeit nur durch ihre Darstellung auf sich ziehen, und uns nichts nachzudenken geben, sind für uns wunderbar. Sie sind es; entweder durch sich selbst, oder durch die Art, wie sie auf uns wirken.

Im menschlichen Leben nennen wir alles das wunderbar, wovon wir Ursache, Wirkung oder Ziel nicht einsehen können. Wenn wir eine einfache Montgolfiersche Luftmaschine die oberste Lufträume durch-

wan-

wandern sehen; oder wenn uns ein Gaukelspieler mit
auffallenden Kunstgriffen in den zweifelhaftesten Räth-
seln läßt; so dünkt uns ein solcher Anblick wunderbar.
Man läßt uns nicht Zeit, oder wir besitzen nicht den
Scharfsinn, den Grund der Sachen einzusehen. Eben
das ist die Ursache, weshalb uns Erscheinungen am
Himmel wunderbar sind. Wir erkennen bei ihnen
nicht Ursache, Wirkung oder Zweck. Kömmt ein
Achard, oder Wiegleb, und erklärt sie uns, so nimmt
unsere Bewunderung eben so ab, wie unsere Einsicht
zunimmt.

Wenn Etwas solchen plötzlichen Eindruck macht,
daß wir im ersten Moment nicht die Ursachen einsehen; so ist es uns gleichfalls wunderbar. Eine uner-
wartete Nachricht, ein seltsamer Zufall sind von der
Art. Wir können die Vorstellung davon nicht so
bald fassen. Sie hinterläßt eine gewisse Dunkelheit,
und wir gerathen dadurch in Verwunderung.

Daher kommt es, daß das Reich der Möglichkeit
dem Wunderbaren offen steht, daß es allda seine große
Quelle hat, woraus es seine Energie schöpft, mit
welcher es uns so zu täuschen und einzunehmen vermögend ist. Wir sind geneigt, da wir Ursache, Wirkung und Ziel nicht einsehen, uns von ihm eine größere
Vorstellung zu machen, als es an und für sich ist.

H   Dort

. Dort sehen wir ein Volk; das sich aus dem Fluge
der Vögel, aus den Eingeweiden eines Thieres, seine
Schicksale verkündigen läßt, das durch doppelsinnige
Aussprüche, und betrügerische Orakel seinen Vorsatz
ändert. Hier wieder eins, das eine Lufterscheinung, eine
unbedeutende Sage, in die größte Furcht setzt. Dort
sehen wir einen, der sich mit phantastischen Erscheinungen peinigt; hier einen, dem die Zauberruthe ein
Orakel ist. Woher dieser Hang, der die Vernunft
zu unterdrücken sucht? Scheint hier nicht die menschliche Natur im Streite zu sein? Dort erhebt man die
Wahrheit, hier verschwört man sich gegen sie.

„Es scheint seltsam, sagte daher noch jüngsthin
ein Schriftsteller, daß zwei so widersprechende Neigungen, als der Hang zum Wunderbaren und die
Liebe zum Wahren, dem Menschen gleich natürlich,
gleich wesentlich sein sollten." Ja es scheint nur so,
aber ist es nicht in der That. Dieser Hang zum Wunderbaren, der sich bei manchen Menschen, ja oft bei
einer ganzen Nation äußert, ist eben diese Liebe zum
Wahren. Das Wunderbare täuscht uns nie, wenn
wir es nicht für wahr halten, und wir halten es für
wahr, weil wir es so nehmen, wie es uns vorgestellt
wird, weil wir nicht auf die eigentliche Ursache zurückgehen oder zurückgehen können.

Daher der Einfluß den das Wunderbare bei so verschiedenen Menschen und Völkern hat. Die Vernunft
glaubt

glaubt das, was ihr die Einsicht darreicht. So wie
sich diese empört, empört sich jene. Fängt die Einsicht an, nach eigentlicher Ursache, Wirkung oder
Ziel zu forschen; so erwacht die Vernunft aus ihrem
Schlummer, oder sieht dasjenige mit Kaltblütigkeit
an, über das sie vorher so in Verwunderung gerieth.

Mit der Wirkung des Wunderbaren in der Kunst
hat es daher eben dieselbe Bewandniß. Gern wollte
ich von einem Erzgriechen den Homer, von einem
Erzrömer den Virgil lesen hören. Gern wollte ich die
Wirkung sehen, die das Wunderbare, das so über-
zeugend für ihn ist; auf ihn machen würde. So
wie wir sie jetzt lesen, gleicht doch nur unser Genuß
dem Anblicke eines Gemähldes von einer wohlschmeckenden Frucht.

Für uns ist das Wunderbare jener Zeiten so lange
wirksam, als wir auf Ursache und dergleichen nicht
sehen. So lange wir ganz eingenommen von ihm
sind, und unsere Aufmerksamkeit auf ihn geheftet ist,
oder unsere Seele sich mit ihm unverwandt beschäftigt. Kehrt diese nur in sich selbst zurück, wird sie
ihren Zustand gewahr; so ist alles dies Wunderbare
ihr Spielwerk.

Darum vermag auch nur die Kunst das Wunderbare zu bearbeiten, und sich daran zu wagen. Darum

H 2   ist

ist sie es nur, die sich erdreusten kann, es uns in der
eigentlichen Manier darzustellen. Das Wunderbare
in der Kunst ist für uns ein Theil von Unterhaltung,
und ein Mittel, unsere Seele von neuem zu bestimmen.

Welches sind aber die Mittel, die die Kunst anwendet, das Wunderbare hervorzubringen?

Die körperliche Größe ist das vorzüglichste Mittel,
wodurch die Kunst das Wunderbare erreicht. Sie
muß von der Art sein, daß unsere Seele mit einiger
Mühe eine Vorstellung davon erhält, und die Neuheit kann zugleich ein wirksames Vehikulum dazu abgeben. Körperliche Grösse, sag ich. Gewisse Gedanken und Handlungen, können und müssen nie Wunderbar sein. Gesinnungen und Handlungen haben
mehrentheils mehr intensive als extensive Größe, und
diese geben uns daher mehr nachzudenken.

Ich finde daher auch, daß die größte Künstler sich
wirklich nur körperlicher Größe bedient haben, um das
vorzüglich Wunderbare hervorzubringen, und daß
selbst, wenn sie uns Handlungen oder Gesinnungen in
eine wunderbare Manier darstellten, es durch eben
jenes Mittel geschah.

Um das Wunderbare zu erreichen, bedient sich
Homer der körperlichen Größe. Er giebt dem Achill
den

den großen, starken, siebenfachen geraumigen Schild,
wo so viele Gegenstände vollkommen Platz fanden. Er
mahlt die schreckliche Aegide der Minerva, welcher
ringsum die Furcht umgab, in der die Zwietracht,
die starke und wilde Mordlust, und das Haupt der
Gorgone des gräßlichsten Ungeheuers eingegraben war:
Dräuend, fürchterlich, das Schreckbild des donnern-
den Zevs. Er erwähnt den goldnen Helm derselben,
von dem vier Mahnenbüsche herabwallen, und setzt
hinzu:

Εκατον πολιον πρυλεις αρεριαν.

Ist es hier nicht mehrentheils körperliche Größe,
wodurch Homer das Wunderbare zu erreichen sucht?

Wenn Virgil von der Venus dem Aeneas die Waffen überbringen läßt, sucht auch dieser Dichter uns
davon durch körperliche Größe ein wunderbares Bild
beizubringen.

Interque manus et brachia versat
Terribilem cristis galeam flammaque vomentem
Fatiferrumque ensem, loricam ex aere rigentem
Sangineam, ingentem, qualis, cum cærula nubes
Solis inardescit radiis, longueque refulget.

Vorzüglich sucht er uns die Größe des Schildes
darzustellen, auf welchem die ganze Folge der Bege-

H 3   benhei-

benheiten vom Askanius bis auf den August eingegraben war. Welche Menge von Gegenstände! Und welche Größe des Schildes war hierzu erfoderlich!

So auch bei dem Taſſo. Wenn der Engel, den Ray-
mund in seinem Zweikampfe mit dem Argant zu beschü-
tzen, einen Schild aus der hohlen Burg nimmt, so flammt
er wie ein leichtender Diamant, und ist so groß; daß
er so viele Länder und Leute bedecken kann, als zwischen dem Atlas und Kaukasus sich befinden.

Daß auch das Wunderbare in den Handlungen
vorzüglich durch körperliche Größe seine größte Wirkung thut; hierzu kann mir ebenfalls der größte der
Dichter Beispiele geben. Wenn beim Homer die
Götter sich entzweien, und Mars gegen die furchtbare
Aegide der Minerva seinen langen Speer wirft; so
ergreift jene mit starker Hand, einen großen, rauhen
schwarzen Stein, der auf dem Felde, von Männern
voriger Zeit hingewälzt, zur Gränzscheide lag, und
trift den aufgebrachten Mars, daß er in die Knie
sinkt, und weit ausgestreckt sieben Hufen bedeckt. —
Wenn Juno und Minerva den Argivern zu Hülfe eilen; nimmt ein jeder Sprung ihrer Pferde einen solchen Raum ein, als so weit ein Mensch von einer
Anhöhe im schwarzen Ocean hinblicken kann. — Mars
giebt, als er sich von Diomed getroffen fühlt, einen
Schrei, den neun oder zehn tausend Krieger nicht
vermögen.

Mit

Mit dem Wunderbaren in den Gesinnungen hat
es eben diese Bewandniß. Nur körperliche Größe ist
es, die der Dichter anwendet, uns eine Gesinnung
als wunderbar darzustellen. Wenn unser Ramler singt

> So stehet ein Berg Gottes
> Den Fuß in Ungewittern
> Das Haupt in Sonnenstrahlen
> So steht der Held von Cannä.

So will er die wunderbare Gesinnung der Standh-
haftigkeit des Leidenden darstellen. Ganz anders ist
das Bild, das uns Horaz von der Standhaftigkeit
eines Weisen giebt. Es ist nicht wunderbar, sondern
erhaben.

> Si fractus illabitur orbis
> Impavidum ferient ruinæ.

Dort sucht der Dichter uns durch extensive, hier
durch intensive Größe eine Gesinnung darzustellen.
Dort stellt er ihn so vor, daß ihn unsere Vorstellungskraft nicht fassen kann; hier so, daß er unüberdenk-
bar wird.

Daher entsteht eben beim Wunderbaren jene Unbestimmtheit in unserer Vorstellung, und dadurch der
kleine Grad des Unangenehmen, der bei der Bewe-

gung

gung der Verwunderung sich stets äussert. Unsere
Seele sucht den Gegenstand zu fassen; sie irrt auf
seine mannigfaltige Theile herum, und ist gleichsam
zerstreut. Daher finden wir bei der Verwunderung,
das sogenannte Erstaunen. Das Erstaunen ist gleichsam als ein plötzlicher Stillstand aller Verrichtungen
unsrer Muskeln zu betrachten. Wir sind gleichsam
wie erstarrt. Unsere Augen stehen weit auf, unser
Mund behält eine gleiche Bewegung, unsere Hände
bleiben unbewegt, und unsere Füße stehen fest an,
oder gehen schwer von der Stelle. Unsere Seele ist
während dem ganz außer sich, und sie dehnt den ganzen Körper aus. Sie will ihrer Natur gemäß, den
Gegenstand ihres Erstaunens in sich concentriren, sie
will ihn ganz fassen; sie findet Widerstand. Und dieser Widerstand ist es vielleicht, der die Bewegung der
Verwunderung um etwas verbittert.

Es giebt zwar gewisse Gegenstände, Handlungen
und Ausdrücke, die fern von aller Grösse, blos durch
ihre Mannigfaltigkeit wirken, und die man geneigt
ist, in die Reihe der wunderbaren aufzunehmen; allein sie erregen in uns nicht die eigentliche Bewegung
der Verwunderung, sondern wir wundern uns blos
über einen Gegenstand, über eine Handlung und über
einen Ausdruck, insofern unsere Seele das Mannigfaltige in ihren Ideen aufnimmt, das sie noch nicht
inne gehabt, von dem sie auch die eigentliche Ursache

und

und dergleichen nicht einzusehen vermögend ist, und
dies möchte ich vielmehr unter der Idee des Abentheuerlichen faſſen.

Abentheuerlich nenne ich alles das, was uns wunderbar ſcheint, jedoch nicht mit Gröſſe verbunden,
ſondern mit Mannigfaltigkeit. Daher ſieht man immer das Abentheuerliche mit ſolcher Menge von Zier-
rathen beladen, die nur die Einbildungskraft hervorzubringen vermag, ohne Ordnung blos hingeſtellt, um
uns einzunehmen. Die herumirrende Einbildungskraft iſt die Mutter davon. Sie will nicht ihre Gegenſtände erheben, ſondern blos ſo abwechſelnd machen, daß unſere Seele immer von einer Beſtimmung
zur andern geführt wird. Die Beſchäftigung gefällt
uns, wir laſſen uns teuſchen. Das Abentheuerliche
wird uns daher wohl bewegen, aber nicht ſo ſtark,
als das Wunderbare. Daher kann unſere Bewegung
hier nicht Verwunderung heiſſen, ſondern wir wundern uns blos.

So wie die Verwunderung auf einen einzigen Gegenſtand unſere Aufmerkſamkeit vereiniget, ſo wie die
Verwunderung einen Theil unſerer Aufmerkſamkeit
auf ihn vernichtet; ſo ſchenkt wieder das Wundern
ſeine Aufmerkſamkeit einem jeden Gegenſtand. Denn
wenn wir uns blos wundern; ſtellen wir uns den Gegenſtand deutlich vor. Die Vorſtellung deſſelben wird

H 5   durch

durch keine Dunkelheit unterbrochen, und da sie mit
unsern Ideen in keinem Verhältnisse steht, so bleiben
auch diese bestimmt. Man kann also das Abentheuerliche, über das wir uns blos wundern, in einer deutlichen Darstellung des Manigfaltigen setzen.

Daher der Einfluß, den es auf unsere Seele hat.
Sie wird dadurch ohne Anstrengung bestimmt, und
erhält eine Beschäftigung, die ihr das sanfteste Vergnügen macht. Daher das Hinreissende, das ein
Feenmährchen oft für uns hat. Bei einer jeden Begebenheit, bei einem jeden Vorfalle, kann der Dichter seine ganze Erfindungskraft aufbieten. Alles ist
uns merkwürdig. Wir mögen einen Don Quichotte
mit den Windmühlen kämpfen, einen Rinald von einer Armida gefesselt, oder einen Huon von einem
Oberon verfolgt sehen, so wirkt es gleich lebhaft auf
uns. Daher hat diese Gedichtart mehrentheils ihren
Ursprung da, wo der menschliche Geist noch frei von
allen Fesseln ist, und das Spiel der Phantasie freien
Lauf hat.

Man findet daher auch oft eine verkehrte Anwendung des Abentheuerlichen, wenn nehmlich Künstler
durch eine ausserordentlich übertriebene Einbildungskraft, der eine geläuterte Urtheilskraft nicht den Zü-
gel hält, verleitet werden, es an Werken, denen eine
solche Mannigfaltigkeit schadet, anzubringen. Selbst
Phy-

Phydias, der größte Künstler des Alterthums, hat
sich einer solchen Ausschweifung zu Schulden köm-
men lassen, indem er den Vorschlag that: daß man
das Bild des Alexander, um ihn erhaben darzustellen, in der Figur des Bergs Athos aushauen, und
ihn mit einem Flusse in der einen, und mit einer
Stadt in der andern Hand abbilden möchte. Das
wäre gewiß keine erhabene, sondern eine abentheuerliche Darstellung des Helden gewesen.

XIII.

XIII.

Nachdem wir nun das Wunderbare näher entwickelt haben, wollen wir uns zum Großen wenden.

Einen Gegenstand, den wir als groß betrachten, pflegen wir immer darnach zu schätzen, in so fern er den Werth, den wir auf uns setzen, übertrift. Wenn wir den Gegenstand auf solche Art würdigen, so mag er in den Augen anderer erhaben sein, in den unsrigen wird er nur als groß betrachtet. Recht haben alsdenn die Kunstrichter, die dem Eindrucke des Erhabenen, wenn er anders auf Vergleichung der objektiven und subjektiven Eigenschaften gegründet ist, etwas Unangenehmes beilegen. Wir wollen aber alsdenn den Gegenstand als die Ursache desselben, nicht in die Reihe der erhabenen, sondern in die Reihe der großen Gegenstände setzen.

Die Vorstellung des Großen erhalten wir also durch die Vergleichung, die wir zwischen unsrer Größe und die des Gegenstandes anstellen. Diese erregt in uns das

das Verlangen, die unsrige auf gewisse Art zu erhöhen. Hierdurch bildet sich in uns der Eigennuß. Wird
diesem nun Einhalt gethan, wie dieses oft der Fall
ist; so entwickelt sich in uns der Neid. Daher muß
sich unsrer Seele, während dem, daß sie einen großen
Gegenstand betrachtet, eine feine Nuanze von demjenigen finden, was wir beneiden neunen. Wir ergößen
uns bei der Betrachtung des Gegenstandes, aber ein
Tropfen von einer superficiellen Misgunst, pflegt immer das Ergößende um etwas zu verbittern.

Wem ist nicht die freundschaftliche Probe bekannt,
die Damon und Pythias sich gegen einander ablegten?
Der eine übergiebt sich aus freien Stücken dem Ker-
ker, damit sein Freund in das Vaterland zurückkehren könne, den letzten Willen über seine häusliche Geschäfte zu verordnen. Welch ein erhabenes Zutrauen!
— Schon sahe ihn die Welt als einen Betrogenen an.
Schon war er auf dem Echaffaut, schon für den Todt
zubereitet. Schon hatte man das Schwerd auf ihn
gezückt, als er da stand der edle Freund, ihn aus seiner Bürgschaft dankbar zu erlösen, und für sich den
Todt einzunehmen. Wie erhaben und wie groß ge-
handelt! — Erhaben! In den Augen des Tyran-
nen, in den Augen der Welt und Nachwelt. — Groß!
In den Augen seines besten Freundes. Bei aller
Freude, bei aller Wonne, die dieser durch die Befreiung vom Tode empfindet, schwebte doch in seinem

Innern

Innern eine gewiſſe ſuperficielle Misgunſt, ſeine Groß-
muth, durch die ſeines Freundes übertroffen zu ſehen.

Ich überhebe mich aller übrigen Entwickelung, und
überlaſſe es dem Menſchenbeobachter, der nicht alle
Theile unſrer Natur beſonders blos zergliedert; ſondern auch ihre hervorgebrachte Wirkungen gegen einander beſtimmt, der nicht allein Anatomiſt, ſondern
auch Phyſiolog der gemeinſchaftlichen Wirkung unſrer
Neigungen und Leidenſchaften iſt, ſich hierüber nähere Erläuterung zu verſchaffen. Ich hoffe, er wird
mir beiſtimmen.

Der größte Theil der Menſchen hat daher in ſeinem gebildeten Zuſtande, wie ich ſchon angemerkt
habe, keine Anlage zu einer wahren erhabenen Bewegung, ſo wie er ſie in ſeinem ungebildeten hat. In
jenem mißt er alles nach einem gewiſſen auf ſich geſetz-
ten Werth ab. Es giebt daher wenig Gegenſtände,
die der gebildete Menſch ſich als wahrhaft erhaben
darſtellt. Und unter dieſen, glaube ich, nimmt die
große Mannigfaltigkeit der Natur den größten Raum
ein, indem er keinen Vergleich ſeiner Eigenſchaften
gegen die ihrige anzuſtellen vermag. Anders verhält
es ſich mit der Kunſt, inſofern ſie ſich mit den mora-
liſchen Umſtänden der Menſchen beſchäftigt. Bei ihr
findet Vorſtellung bloſſer Gröſſe ohne das Erhabene,
völlig ſo wie im ſittlichen Leben ſtatt. Wenige können

nen als eine Ausnahme angesehen werden, die an einem Werke der Kunst das wahre Erhabene sich vorstellen, oder darzustellen vermögen. Daher sehen wir den größten Theil der Menschen sich an dem Gleissenden ergötzen, mit welchem der Künstler die Lücken seines Werks auszufüllen suchte. Daher finden wir, daß der größte Theil der Menschen an einem Werke der Kunst mehr sich zu verwundern als zu bewundern findet. Sie ziehen den äußern Werth dem innern vor. Sie vertauschen, so zu sagen, den Werth des Gegenstandes mit seiner Grösse.

Finden wir dieses nicht auch bei dem gewöhnlichen Umgange mit den Menschen bestätigt? Die Menschen sind immer geneigt, die große Eigenschaften stark ins Auge zu fassen, und die erhabene zu übergehen. Daher der allgemeine Hang zum Neide und zur Mißgunst. Man schätzt die große Eigenschaften nicht, man verwundert sich nur über sie. Wir finden daher auch, daß die geringste Schwachheit, die das Große blos stellt, gleich Anlaß giebt, es zu verkleinern und herabzusetzen.

Der allgemeine Hang zu allem was in die Sinne fällt, zu allem was eine Idee von unsrer Grösse erregen kann, ist bei den gebildeten und verfeinerten Gesellschaften allgemein. Nach diesen Grundsätzen scheint

mir

mir dann auch die Epiſtel des Horaz an den Numician *) ſehr gut können erklärt zu werden.

Nil admirare prope res eſt una Numice
Solaque, quæ poſſit facere et ſervare beatum

ſagt er. Ganz Recht! Horaz ſahe, daß nur diejenige Dinge Aufmerkſamkeit und Senſation in dem ge-
ſellſchaftlichen Leben Roms erregen, die ſich auf der
Verwunderung und ihrem Gefolge gründen. Er
warnt daher ſeinen Freund für die Verwunderung.
Sich über nichts verwundern, ſagt er ihm, macht
und erhält einen glückſelig. Er richtet die Aufmerkſamkeit ſeines Freundes auf die Bewundernde.

Hunc ſolem er ſtellas et decendentia certis
Tempore momentis ſunt qui formidine nulla
Imbute ſpeætant.

Sie ſind von allen den groben Leidenſchaften be-
freiet. Sie genießen mit heiterer Seele. Allein redet er ſeinen Freund an.

Quid cenſes munera terræ?
Quid maris? extremos arabis ditantis et indos?
Ludicra quid? plauſus et amici dorna quiritis.
Quæ ſpeætanda modo, quo ſenſu credis et ore?

Mit

*) Lib. I. II.

Mit welchem Sinne und mit welchem Auge (quo
senſu et ore) ſoll man die Gegenſtände der Verwunderung betrachten? — Hier will er ohnfehlbar den
Numician ſich ſelbſt dieſe Antwort geben laſſen: jene
Dinge mit Gleichgültigkeit und Kälte zu beobachten,
und um unſer moraliſches Gefühl nicht zu vergäben
nur Gegenſtände zu ſuchen, die wahre Bewunderung
und Ehrfurcht verdienen.

„Ein großer Gegenſtand, ſagt Home, treibt die
Bruſt auf, und macht, daß der Zuſchauer ſeine Geſtalt zu erweitern ſucht. Dies iſt ohnfehlbar nicht
der Fall bei einem erhabenen Gegenſtande. Die Bewegung, die er in uns erregt, iſt nicht von ſolcher
Heftigkeit, daß ſie auf unſer Aeußeres hingetragen
wird. Sie hält ſich blos in unſer Inneres. Daher
das Stille, das wir beim Bewundern ſo ſehr lieben,
damit die Bewegung nicht durch einen heftigern und
geräuſchvollern Eindruck gehindert oder geſtört wird.

Die Bewegungen, die das Große und Erhabene
zu erregen vermögen, ſind aber hierin noch verſchieden; daß jene oft in unangenehme Bewegungen ausarten, das bei dieſen nie der Fall iſt. Das Erhabene
bleibt ſich immer gleich. Es iſt uns angenehm, weil
es ſich und uns in einer gehörigen Würde erhält, und
uns nie herabſetzt. Daher hat die Bewegung der Bewunderung auch einen ſittlichen Werth; daher iſt ſie

J   zuträg-

zuträglicher zur Erhaltung und Befestigung unſe
ſittlichen Karakters. Das Große aber verſetzt uns
oft unter unſere Würde, und erhebt ſich über den
ihm von uns beigelegten Werth. Von der Art iſt der
Befehl eines ſtrengen Richters. Daher hat die Verwunderung nicht für uns einen ſolchen ſittlichen
Werth; ſie giebt uns Gelegenheit, unſer ſittliches Gefühl zu verfeinern und zu bilden, aber nur indem ſie
zugleich uns herabzuſetzen und zu erniedrigen Gelegenheit giebt. — Ein großer Gegenſtand wirkt daher immer durch dasjenige, was ihm eigenthümlich iſt:
durch das Extenſive, anſtatt daß das Erhabene mehr
durch das Intenſive wirkt. Jenes zeigt ſich immer
größer als es wirklich iſt oder ſein ſollte, anſtatt daß
das Erhabene beſcheiden ſeine Kraft zeigt, und den
größten Theil zu verbergen ſcheint.

Das Große iſt daher für die Kunſt eine ergiebige
fruchtbare, und nothwendige Quelle. Es iſt eine
Quelle, woraus zu ſagen, ein jeder Künſtler ſchöpft
oder ſchöpfen muß. Der größte Theil von ihnen iſt
auf der einen Seite unfähig, eine erhabene Idee auf
eine angemeſſene Art auszuführen, und auf der andern wiederum geneigt, ſtets Gegenſtände die in ihren
ſittlichen Eigenſchaften mehr über ihm als unter ihm
ſtehen, zu bearbeiten. Es giebt unter ihnen wenige
Genies, wie es ein Sterne, Swift und Hogarth iſt,
die ihren Beobachtungsgeiſt auch in den Tavernen,
unter

unter dem gemeinen Haufen, uud nicht blos im Cirkel der Großen zu bilden und zu bereichern suchten.
Der größte Theil der Künstler nimmt daher seine Zu-
flucht mehrentheils zum Großen. Die Menschen sind
wiederum zu nichts geneigter, als sich in Verwunderung setzen zu lassen. Und wodurch kann wohl der
Künstler schneller diese Wirkung hervorbringen, als
durch das Große? Setzt man nun noch hinzu: daß
Wirkung seine Hauptabsicht ist; daß sie zweckmäßiger
ist, wenn sie auf die Verbesserung des moralischen
Gefühls zielt: so wird der Künstler ohnfehlbar durch
das Große zugleich den höchsten Zweck erreichen
können.

Hieraus entsteht aber wiederum eine allgemeine
Neigung zum Aeußern der Kunst. Die Künstler glauben, durch das Gewand, das sie ihrem Werke um-
hangen, in ihm eine Energie zu legen; indeß der innere Werth vielmehr das Gewand zieren muß. Gebt
immer eurem Helden ein flimmerndes Ansehen. Zieht
ihm den Soccus auf den Fuß. Gebt ihm eine laute
Stimme, eine geräumige Brust, damit Leidenschaft
über Leidenschaft in ihm lodern könne. Einen Goliat
werde ich sehen, nicht den großen Mann, vielweniger
den erhabenen Geist!

Diese Herabwürdigung, die das Große erfährt,
muß ohnfehlbar statt finden, da seine vorzügliche Ei-
gen-

genschaft das Extensive ausmacht. Wenige Künstler
wissen den eigentlichen Gesichtspunkt zu treffen.
Das Große hat bei ihnen kein Maas, das es doch
wirklich hat. Daher das Uebertriebene, Froßige
und Eckelhafte, und wie die Krankheiten alle heissen
mögen, womit die Geburthen der Künstler so oft zur
Welt kommen.

Daher finden wir, daß Künstler eines gebildeten
Staats vorzüglich das Große zum Vorwurfe ihrer
Bearbeitung machen. Wir finden, daß Corneille in
seinen Werken nicht so erhaben als Shakespear ist.
Die Karaktere des Corneille geben mir immer ihr Extensives so zu erkennen, wie die des Shakespear mir
ihr Intensives zeigen. Haben wir an allen Werken
des Corneille so viel zu bewundern, als an dem einzigen Lear des Shakespear? Finden wir nicht oft, daß
wenn jener erhaben sein will, er in das Schwülstige
fällt? Und wenn er beim Großen stehen bleibt, er sich
gleich bleibt? Die Ursache — Doch die wird sich aus
dem bereits Gesagten leicht ergeben.

Der Verfolg unsrer Ideen lehrt uns nun, was wir
im Anfange unsrer Betrachtungen über das Große entwickelt haben! daß das Wunderbare und Große in ihrer Wirkung auf uns beinahe einerlei ist. Sie tragen
beide zur Entwickelung und Verbesserung mancher sittlichen Neigung bei. Beide überraschen uns durch ihre

Dar-

Darstellung, nehmen uns ein durch Mannigfaltigkeit, und setzen uns daher in Erstaunen, weil wir sie nicht fassen können, sie gründen sich daher beide auf einer dunkeln Vorstellung des Mannigfaltigen. Der Unterschied in ihnen findet sich nur darin: daß das Wunderbare mehrern Einfluß auf die rohe Natur des Menschen hat. Selbst der ungesittete Mensch, und das roheste Kind, haben ihren wunderbaren Horizont. Allein das Große hat mehr Einfluß auf den gesitteten Theil der Menschen. Es wirkt nur in einer gebildeten Gesellschaft, allein nicht in einer uncultivirten. Es wirkt nur, wo die Begriffe von Anstand und Würde, durch den allgemeinen Maasstab der Eigenliebe geschätzt werden.

J 3   XIV.

XIV.

Ehe ich den Faden meiner Ideen weiter verfolge, werde ich eine Digreſſion machen müſſen, um einige Anmerkungen einzuſchieben, denen ich keinen ſchicklichern Raum vor jetzt zu geben weiß.

Der größte Theil der Kunſtrichter hat die Bewegungen, die das Große und Erhabene uns erregen, nie recht unterſchieden, oder nie die rechte Grenzſcheide angeben können. Da ich ohnedem einiges über einen gewiſſen Schriftſteller anzumerken habe; ſo will ich bei ihm zugleich dieſe meine Behauptung geltend machen.

„Progreſſion und Kontraſt, ſagt mein Schriftſteller, ſind die zwei vornehmſten Mittel, die Gegenſtände darzuſtellen, und die fortlaufende Progreſſion iſt angenehmer, als die ruhige, welches blos eine Art von Kontraſt iſt, wo man mehrere gleiche Gegenſtände neben einander ſtellt *).“ Entwickelt man ſich nun
etwas

*) Rindels Theorie der ſchönen K. und W. Th. 1. S. 53.

etwas genauer die Begriffe von Kontraſt und Progreſſion, ſo findet man: daß der Kontraſt, oder wie ihn
einige Kunſtrichter nennen, der Gegenſatz, blos eine
Vereinigung von verſchiedenen Gegenſtänden ausmacht, wodurch man den einen von dem andern erheben will. Die Vorſtellung davon muß daher in
uns konzceſſive oder zugleich geſchehen. Progreſſion
beſteht aber in einer Reihe von Gegenſtänden, wobei
die Seele nicht einen Unterſchied ſucht, ſondern vielmehr eine Aehnlichkeit finden will. Die Vorſtellung
braucht daher nicht konzceſſive zu ſein, ſondern blos
ſucceſſive; die Seele ſchreitet von Gegenſtand zu Gegenſtand fort, und ihr Reſultat iſt, einen totalen Eindruck
zu erhalten, worin die übrigen enthalten ſind.

Bei dem Kontraſt fällt daher die Seele bald, und
bald ſteigt ſie, wenn ſie die Eigenſchaften der Gegenſtände vergleicht. Bei der Progreſſion ſteigt oder
fällt ſie nach einer gewiſſen Regel allmählig, je nachdem ſie eine Aehnlichkeit ab- oder zunehmen wahrnimmt. Der Kontraſt, glaube ich daher vielmehr,
erfodert eine Einſchränkung in der Darſtellung; denn
indem die Seele vergleichen ſoll, muß ſie nicht allzuſehr zerſtreuet werden. Bei der Progreſſion aber findet dieſe Einſchränkung gar nicht ſtatt, denn die
Aehnlichkeit der Gegenſtände, die ſich die Seele darſtellt, kann ſie nicht zerſtreuen, ſondern vielmehr in
ſich concentriren. Wir finden daher auch, daß der

Kon-

Kontraſt durch ſeine Extenſität, die Progreſſion aber
durch ihre Intenſität ungleich ſtärker wirkt.

Wenn daher unſer Kunſtrichter behauptet: daß
das Große durch Kontraſt und Progreſſion hervorgebracht wird; ſo kann er es nur behaupten; inſofern
er groß und erhaben für gleiche Eigenſchaften hält.

Allein nach unſern Grundſätzen wird man das Un-
zureichende derſelben bald einſehen können. Das
Große wirkt mehrentheils extenſive, es findet ein Zugleichſein in ſeiner Darſtellung, es darf gleichſam
nicht entſtehen, ſondern es muß ganz da ſein. Der
Kontraſt, der hier nicht eine kleine, ſondern eine
große Eigenſchaft an einem Gegenſtande in Licht ſetzen
ſoll, wird ſich daher des Großen bedienen können, da
derſelbe durch das Zugleichſein vorzüglich wirkt. Allein die Progreſſion wird nie beim Großen ſtatt finden. Eine Progreſſion iſt werdend, ſie entwickelt ſich
vor unſrer Seele, und dieſe beobachtet mit ihr einen
Fortſchritt, der ſich ſo weit erſtreckt, daß ſie den Gegenſtand hinter ſich läßt, und ſich im Nachdenken verliehrt. Deshalb findet die Progreſſion beim Erhabenen ſtatt, ſie erregt in uns vielmehr erhabene als große
Bewegungen.

Kontraſt und Progreſſion haben daher ein jedes
eine beſondere Quelle, und die verſchiedene Künſte
können

können sich ein jedes zu ihrem besondern Vortheile bedienen. Unser Kunstrichter behauptet zwar; daß Kontraſt und Progreſſion nur für die Poeſie geſchaffen
ſey; allein dies zeigt, daß er ſich die Ideen davon
nicht hinlänglich analyſirt hat, und eben das verleitet
mich, ſein weitläuftigers Raiſonnement hierüber her-
zuſeßen.

Er legt ſich die Frage vor: Woher es kommen
mag, daß der Dichter im Stande iſt, Größe höher
zu treiben als der bildende Künſtler? „Ich nehme,
ſeßt er hinzu, das Suppoſitum in der Frage für bekannt an.“ Die engen Gränzen der Mahlerei und
Sculptur, „antwortet er nun,“ ſind ſchuld an dieſer
Einſchränkung. Anſtatt mit dem ganzen Laokoon des
Herrn Leſſings zu antworten, wie ich wohl könnte,
will ich nur eine einzige Betrachtung machen, wodurch
obige Frage zum Theil entſchieden wird. Progreſſion und Kontraſt ſind die zwei vornehmſten Hülfs-
mittel, die Gegenſtände groß darzuſtellen. Die ſucceſſive und fortlaufende Progreſſion iſt die angenehm-
ſte, und angenehmer als die ruhige, welche blos eine
Art von Kontraſt iſt, wo man mehrere ungleiche Gegenſtände nebeneinander ſtellt. Und dieſer ſucceſſive
Fortgang, unter welchem auch ſtufenweiſe anwachſende
Leidenſchaften begriffen werden, iſt gerade nicht für
den Mahler. Es bleibt ihm alſo nur die körperliche
Größe übrig, die die Objekte für ſich und im Kon-

J 5 traſte

traſte mit andern haben, da hingegen der Dichter
Kontraſt und Progreſſion auf allerlei Art in ſeiner Gewalt hat. Schildert der Mahler ja eine andere als
körperliche Größe, ſo ſchildert er ſie doch nur andeu-
tungsweiſe durch Körper, und iſt ein bloßer Nachah-
mer des Dichters" *).

Indem

*) Hier ſcheint unſer Kunſtrichter auf folgende Stelle im
Laokoon zu zielen. „In der Mahlerey verſchwindet vol-
lends alles, was bei dem Dichter die Götter auch über
die göttliche Menſchen ſetzt. Größe, Stärke, Schnel-
ligkeit, wovon Homer noch immer einen höhern wunderbaren Grad für ſeine Götter im Vorrath hat, als er ſeinen vorzüglichſten Helden beilegt, müſſen in dem Gemählde auf das gemeine Maas der Menſchheit herabſinken;
und Jupiter und Agamemnon, Apollo und Achilles,
Aiax und Mars werden vollkommen einerley Weſen, die
weiter an nichts als an äuſſerlichen verabredeten Merkmalen zu kennen ſind." Leſſing ſcheint alſo hier zu behaupten; daß die Mahlerey unfähig iſt das eigentliche
Wunderbare in der Kunſt auszudrücken; welches wie ich
in den Anmerkungen über das Wunderbare in der Kunſt
zeige: durch körperliche Größe vorgeſtellt wird. Sollte
dieſe Behauptung nun gegründet ſein? Sollte die bildende Kunſt nicht fähig ſein das Wunderbare darzuſtellen?
Leſſing entdeckte ſelbſt hier eine Schwierigkeit, die er uns
unaufs

Indem er sich nun auf den Laokoon des Herrn Lessing beruft, muß ich entweder den Laokoon nicht gelesen, oder er einen andern im Sinne gehabt haben.
Das letzte kann ich mir nicht denken, und dann glaube ich zeigen zu können: daß Lessing von dem allen
nichts behauptet, was er in seinem Laokoon will gefunden haben.

Con-

unaufgelöst gelassen hat. Er fand daß die Bildhauer
wirklich das Wunderbare, das Homer seinen Göttern beilegt zu erreichen vermögen, und daß sie nicht auf das gemeine Maas der Menschlichkeit herabzusinken nöthig hätten. „Ist es indeß schon nicht der Mahlerey vergönnt,“
sagt er daher in der Anmerkung zu der angeführten Stelle
„die Götter in übersteigenden Dimensionen darzustellen;
so darf es auch die Bildhauerey gewissermassen thun, und
ich bin überzeugt, daß die alten Meister, so wie die Bildung der Götter überhaupt, also auch das Kolossalische,
daß sie öfters ihren Statüen ertheilten, aus dem Homer
entlehnt haben.“ Warum nun die Bildhauerei hier
mehr Energie als die Mahlerei hat, hierüber hat er uns
keine nähere Erklärung gegeben, und die Erläuterung die
er uns darüber versprochen finde ich nirgendwo. — Ich
glaube daher vielmehr daß die Mahlerei so gut wie die
Skulptur das Kolossalische anwenden, und als ein Mittel zur Darstellung des Wunderbaren gebrauchen kann,
und daß nur ein hergebrachtes Kostume in Anwendung
beider

Kontrast, gesteht unser Kunstrichter zu, kann der
bildende Künstler darstellen. Was sagt nun Lessing!
Er behauptet und bekräftigt es mit Grundsätzen: daß
die bildende Kunst, wenn sie nicht, wie er auch hier
gleich anderwärts zu behaupten scheint, zu einem Hange
einer üppigen Prahlerei mit leidigen Geschicklichkeiten
ausarten solle, sich nicht des Kontrastes bedient.
„Handlungen, sagt er, aus dem Homer zu mahlen,
weil

beider Künste ein Vorurtheil rege gemacht; daß das Kolossalische in der Mahlerei keine Wirkung thut. Ich
glaube vielmehr, daß die Anwendung die man von der
Bildhauerei macht, ihre Werke an öffentlichen Plätzen,
und überhaupt an Orten, die nicht sehr eingeschränkt sind
darzustellen, und die mannichfaltige Standpunkte aus
welchen sie daher in unsere Augen fallen, können es verursachen daß wir das Kolossalische gern an ihnen sehen.
Nichts wird daher auch unnatürlicher und abgeschmackter
sein, als eine kolossalische Statue in einer kleinen Nische,
aber gewiß auch nichts überraschender und angenehmer als
eine solche Figur auf einem großen und weitläuftigen
Platz, oder in einem sehr räumigen erhabenen Gebäude.
Die Mahlerei aber die 1) vorzüglich an Wänden und
auf Leinewand angebracht wird, wo man nur einen be-
schränkten Raum hat. 2) Mehr zum Privat- als öffentlichen Gebrauch angewendet und 3) mehrere Figuren
öfterer in einem Werke vereinigt, und daher einen nur
eini-

weil sie eine reiche Composition vorzügliche Kontraste
und künstliche Beleuchtungen darbieten, schien der
alten Artisten ihr Geschmack nicht zu sein, und konnte
es nicht sein; so lange sich noch die Kunst in den engern
Gränzen ihrer höchsten Bestimmung hielt." *) — Es
ist sonderbar, daß sich nun vieles hier wider Lessing
sagen

einigemal größern Raum als manche kolossalische Bildsäule erfordert, wird nie auf die Art kolossalisch dargestellt werden können. Wenn man aber diese Umstände
heben kann; so weiß ich nicht weshalb die Mahlerei nicht
eben das Kolossalische sollte darstellen, und eben das Wunderbare dadurch sollte erreichen können, wie die Bildhauerei? — Daß die alten nicht in der Mahlerei das
Kolossalische sollten zugelassen haben; hierüber fehlt es
nur an gehörigen Zeugnissen. Aber der mannichfaltige
Gebrauch den sie von der Kunst gemacht, läßt es vermuthen, daß sie jene Eigenschaft in der Mahlerei auch
werden genützt haben. Man könnte häufige Stellen aus
ihren Schriften anführen, die uns diese Vermuthung
bestätigen möchte. Ich begnüge mich nur dessen zu er-
wähnen, was Quintilian uns von dem Zeuxis berich-
tet: daß er Würde, und Stärke vorzüglich durch
eine unnatürliche Größe, die er seinen Figuren zu
geben suchte, zu erreichen gestrebt. (Inst. Orat. L. XII,
c. 10.)

*) Laokoon S. 11. 215.

sagen läßt. Wenn ich nicht befürchtete, in unvermeidliche Weitläuftigkeiten zu fallen, wollte ich zeigen; daß, als die Kunst bei den Alten so weit war, ihre Künstler, bei dem höchsten Zweck, den sie erreichen wollten, auch den Kontrast darstellten. Ich wollte zeigen: daß Herr Lessing die aesthetische Vollkommenheit desselben, auch bei den Alten schon gefunden und entwickelt hat; und deßhalb selbst schon wieder von einem treflichen Kenner des Alterthums widerlegt worden; und daraus wollte ich denn zeigen: daß die bildende Kunst bei dem höchsten Zweck, den sie sich zu erreichen vorsetzt, dennoch des Kontrastes sich bedienen kann.

Aber Progreſſion, behauptet unser Kunstrichter, kann die Mahlerei gar nicht darstellen. — Zum Glücke denkt Herr Lessing in seinem Laokoon nicht an dieses Wort, vielweniger an seinen Einfluß in die bildende Kunst. Unser Kunstrichter hat daher keinen Gewährsmann an ihm, und wir brauchen ihm daher nur das Gegentheil von seiner Behauptung zu zeigen.

Erinnern wir uns an das zurück, was wir in Ansehung der Progreſſion behauptet, so braucht sie nicht, wie unser Kunstrichter will, in dem Fortschritt der Zeit zu bestehen, oder sie braucht nicht an und für sich consecutive dargestellt zu sein. Die Progreſſion kann

im

im Raume oder concessive dargestellt sein, und wir
können eine Vorstellung davon consecutive erhalten,
oder es wird eine gewisse Zeit erfodert, um sie uns
völlig vorstellen zu können. In diesem Falle kann der
Mahler auch die Progression hinlänglich darstellen,
und kann daher eben den Grad des Erhabenen erreichen, als der Dichter.

Von dem ältern Phyloſtrato iſt uns die Beſchrei-
bung eines Gemähldes aufbehalten, in welchem der
Künſtler den trefflichſten Gebrauch von der Progreſſion gemacht *). Das Gemählde ſtellte die Belagerung von Thebe vor. Auf der Mauer, die durch ſie-
ben Thürme angedeutet ward, ſtand eine gewaffnete
Menge, die den Anfall des Capaneus erwartete. Einige Männer wurden ganz geſehen, einige nur bis an
das Knie, andere nur mit halben Leibe. Von andern ſahe man nur die Bruſt, weiterhin nur die Köpfe und Helme, und endlich nur Spieße. Der Künſtler wird aber nicht blos, wie Phyloſtrat ferner an-
merkt, die Proportion beobachtet haben, indem er
nehmlich an der Gröſſe der Figuren verhältnißmäßig
etwas verbarg; ſondern er wird ſie ſo an der Anzahl
haben zunehmen laſſen, als ſie vor unſern Augen an
ihrer Gröſſe verloren. Er wird eine Progreſſion ausgedrückt haben.

Hier

*) Iconum L. I. IV.

Hier findet bei uns eine fuccefftve Wahrnehmung
ftatt, die immer an Intereffe gewinnt, je höher die
Beftimmungskraft gereizt wird einen Punkt zu finden,
und da fie fich endlich, wie es der Künftler darauf
anlegt, eine unzählbare Menge hinzu denken muß; fo
bleibt fie in ihre Ideen um einige Grade unbeftimmt,
und der Gegenftand erfcheint ihr erhaben.

„Aber jener fuccefftve Fortgang, unter welchem
auch Stufenweife anwachfende Leidenfchaften begriffen werden, ift grade nicht für den Mahler?" Mit
nichten! Der Mahler kann eben fo wohl Progreffion
in den Leidenfchaften, in Verbindung mit den Figuren darftellen, wie der Dichter. Nicht infofern, daß
die Leidenfchaften fich bei Zunehmung der Gruppen
verftärken. Dies wird nicht unter dem Begriff von
Progreffion verftanden; fondern infofern das Intereffe
durch den Antheil der Gruppen beim Anfchauen befördert, indem der Antheil der Figuren blos vermehrt,
jedoch nicht verftärkt wird, und ihre Leidenfchaften
nur dem Antheile nach, den fie der Wahrfcheinlich-
keit gemäß daran nehmen, ausgedrückt werden.

Allgarotti hat den Plan zu einem Gemählde entworfen, das die Belagerung Roms durch den Cariolan enthält, und in dem Moment foll dargeftellt werden, in welchem ihn feine Mutter im Lager befucht.
Wenn der Künftler Philofoph ift, wenn er Menfchen-
kenntniß

kenntniß genung befizt; so kann er hier aufs frappan-
teste eine Progression in Leidenschaften und Figuren
ausdrücken. „Nichts könnte schöner sein, sind die
Worte des erwähnten Schriftstellers, als der Hinter-
grund dieses Gemähldes. Es sollte das Zelt des Feld-
herrn im Lager der Volsker, die Tieber, welche hinter dem Zelte fließt, und die sieben Hügel, unter
welchen das Capitolium vorzüglich hervorragt, darstellen. Man kann sich keine grössere Mannigfaltigkeit denken, die man hier in den Figuren der Solda-
ten, Frauen und Kinder anbringen könnte, die alle
unter einander sind, und sämmtlich bei der Composition mit inbegriffen werden. Es wird keine geringere
Verschiedenheit in den Leidenschaften statt finden, von
denen sie bewegt werden. Einige werden das Verlangen äussern, die Belagerung von Cariolan aufgehoben zu sehen, einige werden deßhalb in Furcht
gerathen, und einige werden unentschlossen deßhalb
sein." — *) Das Zunehmen und Steigen, der
Uebergang von besondern zu allgemeinen, und kurz
die ganze Progression der Leidenschaften und Figuren im Gemälde, würde uns eine solche erhabene
Bewegung erregen, als es nur eine Progression in
der Poesie vermag.

Frei-

*) Oeuvres d'Algarotti T. II. p, 256.

K

Freilich ist auch hier der Künstler eines Fehltritts
fähig. Auch er kann diese Progression zu weit führen, er kann die Leidenschaften und die Anzahl der
Gruppen zu sehr ausdehnen, daß wir sie nicht übersehen können, unsere Vorstellung verwirrt wird, und
wir daher bei ihm eben so das Schwülstige oder Fro-
stige, wie beim Dichter, wahrnehmen. Der große
Raphael, der in der Kunst die Leidenschaften zu pro-
gressiren so vortreflich war, wird daher oft eines Feh-
lers beschuldigt. Smollet und andere reisende Dilet-
tanten tadeln ebenfalls deshalb das berühmteste Gemählde das von Michael Angelo vorhanden ist. „Das
jüngste Gericht des Michael Angelo, sagt der erste,
ein Mann von gewiß nicht gemeinem Geschmacke, in
der Capelle vom Pabst Sixto dem V. hat mich eben
so unordentlich gerührt, als wenn ich ein stark besetz-
tes Concert von verschiedenen Instrumenten höre, oder
wenn ein zahlreicher Haufen von Pöbel auf einmal
redet. Die Stärke des Ausdruckes gefiel mir zwar in
einzelnen Figuren und verschiedenen Gruppen, aber
das Ganze ist sehr verworren ohne Haltung und Ruhe
für das Auge. Ein Mahler sollte billig Gegenstände
vermeiden, die gar zu viel Gruppen oder Figuren erfodern, weil die Kunst nicht alles auf einen Gesichtspunkt zusammen vereinigen, noch machen kann, daß
alle Gegenstände so hintereinander geordnet sind, wie
sie der Natur nach sein sollten *).“

Hätte

*) Travels trough France and Italy Vol. 2. XXXIII.

Hätte der Künstler hier die verschiedene Gruppen
so geordnet; daß unser Auge von besondern Leidenschaften zu allgemeinen, von einfachen Gruppen zu
zusammengesetzten, gleichsam wäre geführt worden;
so hätte sein Gemählde ein Ganzes ausgemacht. Unser Auge hätte es übersehen können, und das mit einer Ordnung, die der Seele entspricht, nehmlich:
vom Einfachen zum Zusammengesetzten, vom Besondern zum Allgemeinen überzugehen.

Da die Progression vorzüglich eine erhabene Bewegung zu erregen vermag; so muß die Seele auch bei
ihr in der Vorstellung bestimmt sein. Eine Progression muß daher, so zu sagen, ein Ganzes ausmachen.
In der Vorstellung muß nicht mehr etwas hinzu zu
thun nöthig sein. Dies scheint mir die Ursache zu
sein, weshalb die Landschaftmahler, wenn sie einen
Prospekt zeichnen, am Ende desselben, wo das klein-
ste Maas ist, immer einen Gegenstand anbringen; sie
zeichnen nehmlich dort einen Tempel, eine Bildsäule,
oder lassen die Sonne dort auf oder untergehen u. s. w.
je nachdem der Gegenstand des Prospekts es zuläßt,
wodurch sie unserm Auge einen Ruhepunkt geben, oder
uns gleichsam in der Vorstellung bestimmen, und unsere
dadurch erregten Ideen freien Gang lassen wollen.
Daraus läßt sich die Beobachtung eines scharfsinnigen
Kunstrichters erklären, daß nehmlich ein Säulengang,
oder eine Allee von mäßiger Länge, ohne Vergleich

K 2   größer

größer scheint, als die, welche man zu einer sehr weiten Ferne fortgeführt hat *). Wenn der Säulengang von unserm Auge kann übersehen werden, ist die Seele in der Vorstellung bestimmt. Die Seele ist alsdenn vermögend, Ideen herbeizubringen, wodurch das Ziel des Auges weiter hinaus gesetzt werden kann, wodurch der Gegenstand mehr nachzudenken giebt, und eher Mittel zum Erhabenen werden kann. — Ganz anders verhält es sich, wenn eine Allee oder ein Säulengang unübersehbar ist. Unser Auge wird ermüdet, unsere Seele bleibt in der Vorstellung theils unbestimmt. Dadurch wird sie zugleich gehindert, eine Anzahl Ideen herbeizubringen, die das Ziel unsers Auges erweitern helfen, welches den Gegenstand um vieles verkleinert.

---

*) Burks philof. Unterf. über den Urspr. unfrer Begr. vom Schön. und Erhab. B. 2.

XV.

XV.

Wir wollen nun ferner den Faden unsrer Ideen verfolgen, und unmittelbar zum Edlen übergehen.

Das Edle ist wiederum vom Erhabenen und Grossen verschieden. Weder bewundern wir, noch verwundern wir uns. Die Bewegung, die die Vorstellung des Edlen in uns erregt, ist hierin von der Bewunderung verschieden; daß sie uns nicht in Ehrfurcht versetzt; sondern uns vielmehr dem Gegenstande anhänglicher zu sein, und mehr Vertrauen auf ihn zu setzen reizt, und von der Verwunderung, indem sie uns die Vorzüge des Gegenstandes ohnbeschadet unsers eigenen Werths schätzen lehrt. Ich will ihr daher den angemessenen Namen: Hochachtung beilegen.

Wir hegen hauptsächlich gegen einen Gegenstand Hochachtung, der ein gewisses Merkmal von innerer Größe äusserlich blicken läßt; und dies ist das Edle. Das Edle ist ein Stral der auf unsere Seele wirkt.

Wir

Wir suchen es daher immer eher im Innern als im
Aeussern eines Gegenstandes. Ein Mensch, der auf
eine gewisse Art gleichgültig ist; kann für uns unerwartet ein Intreffe haben, indem er glücklicherweise
einen solchen Stral des Edlen, den er in einer edlen
Gesinnung oder Handlung, oder sonst wo ausdrückt,
entfahren läßt.

Das Edle wird oft blos durch einen Punkt oder
eine Wendung dargestellt, und wenn wir darauf aufmerksam gemacht werden; so nehmen wir am Gegenstande das Edle wahr. Daher das Edle in der Miene,
in der Stellung oder im Betragen, das wir unerwartet an einem Unbekannten wahrnehmen. Dann ist es
gleichsam ein unverlöschliches Licht; das wir an ihm
brennen sehen, und das uns immer an seine Grösse
erinnert; die jedoch an ihm selbst nicht bemerkt werden kann; sondern nur an einer gewissen Schattirung,
die eher in der Darstellung als in Worten merkbar gemacht werden kann. Es erhebt sich daher nicht über
seine Würde; sondern es entwickelt sich uns auf einer
ihm selbst unbewußten Art.

Wegen seiner unnachahmlichen Läßigkeit, nimmt
uns daher das Edle für sich ein, und erregt in uns
eine gewisse Liebe: allein zugleich eine gewisse Hochachtung, die wir nicht zu überschreiten wagen. Des-
balb betrachten wir immer das Edle mit einer heitern
Miene,

Miene, und zugleich mit einem Anstand in unserer
Stellung, welches den bescheidenen Beifall unsers
Herzens verräth.

Das Erhabene oder Große trägt nicht immer das
Siegel des Edlen. Beide Eigenschaften können ohne
das Edle statt finden. Hingegen findet das Edle beim
Erhabenen statt; so zeigt es sich auf einer besondern
Weise. Es erleuchtet den Gegenstand unerwartet,
ohne daß es ihn erhöht, sondern liebenswürdiger
macht. Wenn wir beim Corneille den August wahrnehmen, während er Cinna und Maximus sich als
Vertraute wählt, und sie hierzu mit den größten Ge-
schenken seiner Macht auffodert; so erscheint er uns
blos erhaben. Wir bewundern seine Einfalt, seinen
simpeln Stolz, und seine unvergleichliche Bescheidenheit, die immer andern mehr als sich selbst einräumen will. Was vermuthen wir aber als er wahrnimmt: daß eben dieser Cinna, eben dieser Maximus
sich wider ihn verschworen? Vieles! Und Schröckli-
ches! — Aber siehe! Es entfällt ihm der edle Ausdruck: „Soyons amis Cinna!“ Wir fangen ihn an zu
schätzen, und weihen ihm unsere ganze Hochachtung.

Jener Ausdruck des vom Alexander überwundenen
Königs Porus; der, als er vom Alexander gefragt
wurde, wie er behandelt sein wollte, antwortete:
„Als König! ist nicht minder ein Stral des Edlen,

der

der sich bei allen Widerwärtigkeiten, bei allen Un-
glücksfällen auf einer Seite hervordrängt, und denjenigen Werth äussert, der ihm wirklich eigen ist, der
ihn nicht erhöht, aber auch nicht herabsetzt.

Das Edle kann überhaupt oft als ein Samenkörn-
lein der unentwickelten, oder unterdrückten Erhabenheit des Geistes angesehen werden. Es ist dann jener
Edelmuth der Seele, der unter einer Subucula trita,
oder unter einem cynischen Gewande oft hervorragt.
Es ist jener wahre Werth der, wie Tasso sagt, obgleich nachläßig eingehüllt, sich selbst heller Zierrath
genung ist. Deshalb finden wir oft den größten Vorrath edler Gesinnungen eher unter dem gemeinen Haufen, als unter den Großen. Bei den letztern verliehrt
sich das Edle mehrentheils unter die Handlungen, die
uns Bewunderung und Erstaunen erregen; bei den
ersten aber bleibt es ein eigenthümliches Siegel. Es
ist die einzige lichte Seite die sie zeigen. Die edel-
müthige Handlung des Cocles, die edle Gesinnung
des Scävola, und das edle Vorhaben der Clälia be-
seelt ihren Karakter. Es giebt ihnen auf immer das
Siegel, daß sie unter die edle Menschen gehören. Es
ist gleichsam ein Stral, der uns ihr ganzes Wesen belebt, ohne welchen sie für uns ganz todt wären.

Den edlen Stolz, den wir so sehr an edlen Gegenständen schätzen, ist kein auf Bewußtsein ihrer eigenen

nen Größe gebildeter Stolz; sondern es ist eine von
der Natur in ihnen gelegte Bedeutung, die mit jenem
Stolze analog ist, aber anders handelt, anders denkt,
und anders uns in Bewegung setzt.

Die durch einen edlen Gegenstand entstehende Vorstellung, muß eine bedeutende Idee erregen. Die
Idee muß die Vorstellung übertreffen, sie muß uns
den Gegenstand wichtiger machen, sich als Eigenschaft am Gegenstande gleichsam anschließen, und bedeutende Eigenschaft oder Vorstellung werden. Wir
müssen von dem Gegenstande eine höhere Idee erhalten, als die Vorstellung davon uns an und vor sich
geben kann, und diese Idee muß sich zur Vorstellung
vereinigen, und dem Gegenstande die mannigfaltige
Seiten geben, die er durch seine Einförmigkeit verliehrt. Der einförmige Gegenstand stellt sich mit seinen mannigfaltigen, jedoch intensiven Eigenschaften,
die den Gegenstand würdigen, dar. Wir sehen das
Edle, und haben eine deutliche Idee von der Mannigfaltigkeit.

Die Baukünstler suchen daher immer ein blos ein-
faches Gebäude durch eine Ueberschrift, wodurch sie
ihm eine gewisse bleibende Eigenschaft geben, zu veredeln. Dadurch erhält der Anschauende einen tiefen
und ausgedehnten Eindruck vom Zweck des Gebäudes.
Und bei aller Einförmigkeit, mit der solche Gebäude

K 5   müssen

müssen aufgeführt werden, nimmt man alsdenn doch einen solchen mannigfaltigen Zweck daran wahr, der uns eine Hochachtung dafür einflößen kann. Die bekannte Inschrift über das Berlinische Invalidenhaus Laeso invicti milite kann zum Beispiel dienen. Sie giebt dem Gebäude einen edlen Anblick, wenn wir die Aufschrift gelesen; und dadurch wird unsere Seele in Vorstellung und Ideen bestimmt.

Die Einfalt, die wir am Edlen lieben, läßt uns daher nichts Dunkels zurück, und wir werden eben dadurch aufmerksamer gemacht, weil es uns auf eine höhere Eigenschaft des Gegenstandes führet, die, wenn wir sie wahrnehmen, uns den Gegenstand schätzbar macht. Ungezwungene Deutlichkeit ist daher zugleich Eigenschaft des Edlen.

In der Schreibart erreichen wir es daher nur, wenn wir unsere Sprache nicht zu sehr erheben, und nicht zu sehr herabsetzen. Wenn man nicht mit allzuvielen oder mit allzukurzen Wörtern seine Ideen vorträgt. Das Edle leidet daher nicht das allzublumigte und das allzugedrängte im Style. Die Perioden müssen kräftig, natürlich, und ausgeführt auf einander folgen. Kein Antithesenspiel, keine metaphorische Gaukeleien, keine empfindelnde Prosopopoie, müssen den gesetzten und ruhigen Geist des Lesers unterbrechen. Alles muß gleichsam ohne Schmuck und nicht zum Ueberflusse dastehen.

Wie

Wie die redende, so die bildende Kunst. Auch sie
vermag das Edle darzustellen, wenn sie in ihren
Werken einen solchen Grad des Bedeutenden zu legen weiß, der jener Einfalt nicht schadet, der den
Gegenstand zugleich erläutert, und ihn nicht, wie
beim Erhabenen verdunkelt, der uns die Summa seiner Mannigfaltigkeit zeigt, und sie uns nicht beinahe
in Unendlichkeit verliehren läßt.

Ich sehe einen Apollo, sehe den ganzen Umriß seines Körpers, gebildet durch ein übereinstimmendes
Muskelgebäude, seine lächelnde Miene, die die Musen gebildet, sein bedeutendes Ansehen, das hierzu
sich gesellt. Mit der Laute, die er mit Fülle des
Herzens berührt, mit den ihm geweiheten Lorbeern
zu Füssen, zurückgelehnt.

Patula recubens sub tegmine fagi

In sich selbst gekehrt erblick ich ihn. Welche Ideen
erregt in mir diese Vorstellung! Die mir ganz den
edlen Gott bildet, der die Musen und die Künste in
seinem Schuße hat.

Anders der Apollo den wir im Vatikan sehen; in
Unmuth gleichsam über den Drachen Python, wel-
chen er mit seinem Pfeile erlegte, und zugleich in
Verachtung dieses für einen Gott geringen Sieges.

Der

Der weise Künstler, welcher den schönsten der Götter bilden wollte, setzte nur den Zorn in die Nase, wo der Sitz derselben nach den alten Dichtern ist, die Verachtung auf den Lippen: diese hat er ausgedrückt durch die hinauf gezogene Unterlippe, wodurch sich zugleich das Kinn erhebt, und jener äussert sich durch den aufgeblähten Nüstern der Nase *). Hier nur sehen wir ihn nicht wie er ist, sondern wie er war, wie er sein kann. Wir sehen ihn erhaben, sehen einen Gott.

Aus dem, was wir bisher über das Edle gesagt, erhellt; daß es sein Eigenthümliches hat, wenn wir es an und für sich betrachten. In unserm verfeinerten sittlichen Zustande aber haben wir den Begriff des Edlen auf alles anzuwenden gesucht; so daß wir einen jeden Ausdruck, eine jede Handlung unedel nennen, die unserm superficiellen Geschmack nicht entspricht. Es beruht hier alles auf einer Caprice unsrer verfeinerten sittlichen Erziehung, die, wenn man sie näher entwickelt, eher ihren Ursprung der Eitelkeit, als dem wahren edlen Gefühle zu verdanken hat.

Wenn aber verschiedene Weltweise behaupten, daß das Gefühl für das Edle in unserm sittlichen Zustande sich

---

*) Winkelmanns Geschichte der Kunst des Alterthums, Theil 1. S. 168.

sich entwickelt; so muß man zugleich auf den Unterschied Rücksicht nehmen, der zwischen: ein Gefühl für
das Edle haben und wirklich edel sein, statt findet.
Das Gefühl für das Edle kann erlernt werden, allein
das Edel sein, muß sich selbst entwickeln. Daher sehen wir den gebildeten Menschen ein Gefühl für das
Edle haben, allein den Ungebildeten wirklich edel
sein. Daher sehen wir, daß ein ungebildeter Mensch
oft unter vielen schlechten Handlungen, eine edle mit
unterlaufen läßt, oder daß er manche unedle Handlung mit einer edlen Absicht ausübt. Dieses wird
bei dem gebildeten Menschen nie der Fall sein. Er
lernt das Edle schulmäßig empfinden, aber nicht aus-
üben. Er ist nie unedel, aber auch nicht leicht edel.
Jenes nicht, weil unsere Seele durch die Erlernung
des Edlen vor einem jeden nachtheiligen Eindrucke ist
verwahrt worden. Dieses nicht, weil unsere gebildete Seele mehr zur Betrachtung geneigt ist, zum
Selbsthandeln aber oft allzupflegmatisch ist.

Daher ist auch die Bewegung, die das Edle erregt, (die Hochachtung) nicht so hinreissend, als diejenige Bewegungen, die das Erhabene und Große erregen. Es beschäftigt uns mit Vorstellungen und
Ideen, und wir schätzen es deshalb, weil die Erkenntniß seiner Eigenschaft mit unserm gebildeten Gefühle
in Verhältniß steht. Achten es nur deshalb, weil
wir es achten gelernt, und nehmen nur deshalb solchen

chen Antheil daran, weil es unsern Seelenkräften
entspricht.

Hier finden wir zugleich die Ursache, warum der
Ungebildete kein Gefühl für das Edle hat, und warum er das Edle nicht so wie das Erhabene oder Große
schätzt. Dieses greift unsere Seele von Natur an,
allein jenes nach dem Grade ihrer Sittlichkeit. Die
wildesten Nationen haben ihren Gott und ihre Helden; aber derjenigen, die sich bei ihnen, wie es oft
der Fall ist, durch Edelmuth auszeichnen, sind sie
nicht eingedenk.

Deshalb sieht man noch immer bey gemeinen Haufen viel begieriger nach einem Gaukelspieler, als nach
einem edlen Schauspieler gehen. Deshalb sieht man
ihn noch immer zu den häufigen Aesophen als zu
den seltenen Bathyllen unsrer Zeit sich drängen, weil
es ihm an demjenigen Gefühle fehlt, der zur Empfindung des Edlen erfodert wird.

Kurz, das Gefühl für das Edle kann erlernt werden, das Edle aber hervorzubringen und auszuüben,
hierzu muß eine Anlage vorhanden sein, die sich von
selbst entwickeln muß.

Hier nun wollen wir unsere Betrachtungen über
die Bewegungen, die uns die große Gegenstände erregen,

gen, und die wir ergößend genannt haben, schließen.
Der Leser wird in der Reihe der Bewegungen (wie
nicht weniger in der Reihe der Gegenstände) eine gewisse Stufenfolge des Angenehmen finden, das sie
für uns haben.

Die Bewunderung oder das Erhabene hat etwas
ruhiges, das die Seele zu einem gewissen Grade von
Ernsthaftigkeit führt. Die Verwunderung, oder das
Große und Wunderbare, hat etwas mehr lebhaftes,
das in der Seele gewisse Leidenschaften zu erregen vermag, und die Hochachtung oder das Edle etwas Rei-
zendes, das die Seele mehr zu beruhigen sucht. Diese
Bewegungen nehmen so an Annehmlichkeit zu, als
die Seele mehr Realität in der Aeusserung ihrer Thät-
tigkeit endlich erhält, oder je mehr sie bestimmt wird.
Sie enthalten aber für die Seele noch nicht den höchsten Grad des Angenehmen; sondern diesen werden
wir erst finden, wenn wir zur folgenden Klasse der
Bewegungen kommen werden.

XV.

XVI.

Auf den ergötzenden Bewegungen folgen unmittelbar die erquickende, zu deren nähern Entwickelung wir jetzt schreiten wollen.

Einen jeden Gegenstand, der uns erquickt, nennen wir schön. Von der Art ist ein Blumenbeet von mannigfaltigen Farben. Ein Gegenstand, dessen Theile im richtigen Verhältnisse zu ihm sind, eine äußerst faßliche Wahrheit, und dergleichen. Dies alles sind Gegenstände, die uns einnehmen, mit denen wir uns gerne beschäftigen, sind erquickend, sind schön.

Eine erquickende Bewegung hat das Eigenthümliche, daß sie in uns gleichsam Gradweise entsteht, und den höchsten Grad erreicht, wenn die Seele sich ihrer innern Realität völlig bewußt, d. h. wenn sie bestimmt ist. Sie ist daher auch eindringender, weil der Gegenstand, als ihre Ursache, mit unsern Seelenkräften im Verhältniß steht, und bleibender, weil sie

sich

sich gleichsam bei uns einschleicht, und in unserm ganzen Empfindungssystem festzusetzen weiß. Unsere
Seele wird daher ganz in Gegenstand versetzt, ganz
für ihn eingenommen, und er bemeistert sich ihrer
völlig, weil er Maas mit den Seelenkräften hält.

Ausserdem haben die erquickende Bewegungen noch
das Eigenthümliche, daß sie allgemein die menschliche
Natur zur Theilnahme reizen. Sie sind sich, im
ganzen genommen, alle gleich, nur eine von ihnen
vermag die Seele um einen höheren Grad zu reizen
als die andere. Es lassen sich daher bei ihnen vielmehr verschiedene Grade als Modifikationen angeben.
Es ist bei ihnen nicht, wie bei den ergötzenden Bewegungen der Fall, daß sie gewisse Modifikationen nach
Maaßgabe der entwickelten Neigungen und Leidenschaften, unterworfen sind; sondern sie bleiben bei
allen Menschen gleich, bei den rohen, wie bei ungebildeten. Nur die Ursachen derselben leiden, wie bei
den ergötzenden Bewegungen, verschiedene Modifikationen, je nach dem die Seelenkräfte an Fähigkeit
und Bildung zunehmen. Was die Grade bei den erquickenden Bewegungen anbetrift, in wiefern einige
von ihnen uns mehr oder weniger zu reizen vermögen;
so werden wir sie in der Folge nebst ihre Ursachen näher zu bestimmen suchen. Wir hätten uns hier gleich
bestimmter darüber erklärt, wenn uns die Sprache
nur eben solche bestimmte Ausdrücke für die Grada-

L   tion

tion als Modifikation unsrer Bewegungen gäbe. Wir
wollen daher zuerst einige Anmerkungen über die Modifikation der Ursachen der erquickenden Bewegungen
voraus schicken, und uns alsdenn zur nähern Bestimmung ihrer Grade wenden.

Die Ursache der erquickenden Bewegungen ist allgemein das Schöne. Der größte Theil der Kunstrichter aber bezieht das Schöne auf alle Gegenstände die
uns gefallen, und begreifen gemeiniglich dasjenige zugleich darunter, was ich in die Region des Angenehmen versetze; allein gewisse Gegenstände können angenehm sein, ohne daß sie schön sind. Das Schöne ist
eine eigenthümliche Eigenschaft gewisser Gegenstände,
die sich eben so zu erkennen giebt, als eine jede andere, und jene Kunstrichter scheinen vielmehr auf das
Rücksicht zu nehmen, was unsere dadurch erlangten
Bewegungen ausmachen. Ein gewisser französischer
Weltweise macht beinahe schon die nehmliche Anmerkung: „Man hat, sagt er, die Schönheit mit dem
Vergnügen das sie erweckt, und mit der Vollkommenheit vermengt; da doch manche Wesen ohne Schönheit gefallen, und andere, ihrer Schönheit ohner-
achtet, nicht gefallen; da doch jedes Wesen der
höchsten Vollkommenheit, aber manches auch nicht
der mindesten Schönheit fähig ist. Dergleichen
sind alle Schönheiten des Geschmacks und Geruchs, insofern sie nur als solche betrachtet werden.

der *). "Sie haben also, möcht' ich sagen, die Empfindung vielmehr schön genannt, als den Gegenstand.

Daß die Idee vom Schönen nicht blos subjektive, sondern auch objektive entstanden, daß sie vielmehr zugleich durch allmählige Erfahrung und Bildung, als durch bloßes inneres Gefühl entwickelt worden, deshalb sind, so bald es eine Idee ist, keine ferneren Worte nöthig. Wenn wir das Schöne erklären wollen; so müssen wir auf die Gegenstände selbst Rücksicht nehmen, d. h. auf das Objektive, und da wird sich alsdenn die Gattung heraussuchen lassen.

Man wendet zwar ein, die Gegenstände lassen uns in Beurtheilung des Schönen, in Ungewißheit und Unbestimmtheit. Was man auf dieser Seite des Erdballs an einem Gegenstande schön nennt, betrachtet man auf einer andern als häßlich. Dem Europäer gefällt ein Gemälde, das dem Chineser mißfällt. „Vater Attiret, sagt ein witziger und eleganter Schriftsteller, mahlte im Pallaste zu Peckin Weiberfiguren nach Boucher, aber der Käiser, ein Herr von Einsicht und Geschmack, fand sie abscheulich, und ließ sie durch einen Chineser nationalisiren **)." Sollte dies

L 2   aber

*) Diderots philosophische Werke, Th. 1. S. 299.

**) Sturz vermischte Schriften, Th. 1. S. 229.

aber in Ansehung desjenigen Schönen, welches man nach der Bewegung, die es verursacht, beurtheilt, nicht gelten? Eben dieser Schriftsteller sagt nicht weit davon: „Home allein, der es immer darauf anlegt, sich in seinen Urtheilen zu verstehen, wagt den unmöglichen Begriff nicht, sondern geht von einem richtigen Gefühle aus, das uns jedoch wie alle Gefühle, wieder in die Verlegenheit setzt, unter den vielartigen Gefühlen zu wählen *).“ Wir können hieraus keine andere Folgerung ziehen, als daß unsere ganze Geschmacksfähigkeit, einer verschiedenen Modifikation unterworfen ist. Man gehe immer von Morgen nach Abend zu, und man wird bei einem jeden Schritte Modifikationen und Abweichungen in ihr bemerken, die in gewissen Umständen gegründet sind, welche hier anzuführen, zu weitläufig wären.

Wie sollen wir uns aber verhalten? Nach meiner Einsicht, glaube ich, die Gesetze des Geschmacks können eben so bestimmt werden, wie die der Vernunft. Man wiederhole jene Reise, die man in Betreff des Geschmacks angestellt, in Rücksicht auf Denkungsart, und wird da eine geringere Verschiedenheit statt finden? — Ein jeder Himmelsstrich ist ein besonders System im Denken, und sollte es nicht im Empfinden sein? Warum beharren wir aber fest an den Grundsätzen

---

*) Daselbst S, 222.

fätzen unſrer Vernunft, und nicht an denjenigen der
des Neuseeländers? Man antwortet: Wir erkennen
in den übrigen das Falsche. Und sollten wir es in ihrem Geschmacke, nicht finden können? — Das Gute,
das Schöne, das Wahre ſind, ein jedes beſonders;
gewiſſe Geſetze unterworfen, auf die eine jede aufgeklärte Vernunft ſtoßen, und die eine jede aufgeklärte
Vernunft billigen muß. Daß der menſchliche Geiſt
ſolche Umwege nimmt, ſchreibe man vielmehr den
Hinderniſſen zu, die er ausgeſetzt iſt.

Wenn man Griechenland, als die Schule des guten Geſchmacks anführt, ſo wird man doch in keiner
Abrede ſein, daß eben dieſes Griechenland die deut-
lichſte Spuren vor ſich gehabt, und eben durch dieſe
geleitet worden iſt, ſie zu vervollkommen, und ordent-
liche und gewiſſe Wege dafür anzulegen. Hätte Griechenland ſich erſt zu jener Jugend der Kunſt emporar-
beiten müſſen; ſo hätte es bei allem dem jene Spuren noch nicht hinterlaſſen, wie ſie, durch ſo viele
Generationen allmählig entſtanden, von ihnen ſind
gefunden worden.

Der Geſchmack iſt ein Glied von derjenigen Kette,
die den Geſetzen der allmähligen Entwickelung unterworfen iſt, und ſeine Abartung wird von demjenigen
vorgebeugt, wodurch ein jedes Glied dafür gehütet
wird. Im Stande der Natur iſt es die Natur ſelbſt,
allein im Stande der Sittlichkeit iſt es die Vernunft,
die ihn entwickelt. Iſt ihm das Klima und derglei-

L 3 .   chen

chen beförderlich; so entwickelt er sich nach seiner Bestimmung; ist unsere Vernunft aufgeklärt; so wird er
gemäß der Bestimmung derselben entwickelt. Der Geschmack ist auf einer Seite eine gewisse Schattirung
der Vernunft, fehlt es der Vernunft an dieser; so
merkt der Kenner bei allen ihren Vollkommenheiten,
sogleich den Fehler. Ja er schließt umgekehrt auf
ihre höhere Vollkommenheit, wie der größte unter
den Denkern unsrer Zeit, der scharfsinnige Kant schon
angemerkt. „Man thut einander zwar Unrecht, sagt
dieser große Weltweise, wenn man demjenigen, der
den Werth oder die Schönheit dessen, was uns rührt
oder reizt, nicht einsieht, damit abfertigt, daß er es
nicht verstehe. Es kommt hierbei nicht so sehr darauf
an, was der Verstand einsehe, sondern was das Gefühl empfindet. Gleichwohl haben die Fähigkeiten
der Seele einen so großen Zusammenhang; daß man
mehrentheils von der Erscheinung der Empfindung
auf die Talente der Einsicht schließen kann. Denn
es würden demjenigen, der viele Verstandesvorzüge
hat, diese Talente vergeblich ertheilt sein, wenn er
nicht zugleich starke Empfindung vor das wahrhaftig
Edle oder Schöne hätte, welche die Triebfeder sein
muß, jene Gemüthsgaben wohl und regelmäßig anzuwenden *)."

Ist

*) Betrachtungen über das Gefühl des Schönen und Er-
habenen. S. 42.

Ist nun der Geschmack eine Fähigkeit, der seine
Politur und Ausbildung der Vernunft zu danken hat;
so müssen wir dies auch bei der Idee des Schönen,
mit der sich der Geschmack vorzüglich beschäftigt, geltend machen können. Wir müssen uns daher zu ihrer
Quelle wenden, um die Art, wie sie sich in uns entwickelt, erläutern zu können.

Wir haben behauptet: daß sich unser sittliches
Gefühl, worauf sich vorzüglich die Erkenntniß des
Schönen gründet, entwickelt; wenn unser sinnliches
und vernünftiges Gefühl ein gewisses Band knü-
pfen *). Die Seele hat daher zwei Auswege die Idee
vom Schönen zu erhalten. Den einen bahnt sie sich
durch das sinnliche, den andern durch das vernünftige Gefühl.

Beide haben aber hierin etwas Analoges; daß sie
uns in einen angenehmen Zustand versetzen, wenn die
Eindrücke in einer gewissen Ordnung geschehen. Ein
Eindruck, der Grabweise zunimmt, ist uns angenehmer, als eine plötzliche Erschütterung, oder ein jeder
stärkere Grad eines Eindruckes erregt uns mehr Lust,
wenn er durch einen geringern dazu vorbereitet worden.
Wenn die Ideen in einem gewissen zusammenhängen-
den und zunehmenden Grade erweitert, vermehrt und

L 4   auf-

*) Fragm. I.

aufgeklärt werden, sind sie uns angenehmer, als
wenn sich im Anfange gleich Schwierigkeit, Zufluß,
oder Mangel an Schärfe bei ihnen findet. In diesem
Gefühle zur Ordnung stimmt der größte Theil der Menschen überein; allein in dem wie sie es darthun, merkt
man einen Unterschied, der aber nicht in ihrem Gefühle selbst gegründet ist, sondern in den Mitteln, die
einem jeden eigenthümlich sind, dieses Gefühl der Ordnung im Aeussern darzuthun, und dies muß sie allmählig in ihrem Thätigkeitsgeiste von einander abfüh-
ren, so daß man alsdenn in den Gefühlen selbst einen
Unterschied wahrzunehmen glaubt.

Allein diese bleiben sich immer gleich. Nur durch
das sittliche Gefühl, das durch jene Analogie sich entwickelt, erhält der menschliche Geist in seiner Thätigkeit eine gewisse Richtung. Gewisse Dinge, die er
für seinen Zustand bequem gefunden, sind es, für die
er eingenommen wird. Und so bildet er sich ein System, eine zusammenhängende Reihe von Gegenstände,
die er für seinen Zustand bequem findet. Seine Denkungsart muß hierdurch festgesetzt werden, und muß
eine besondere Einschränkung erhalten. Dann ist es
aber nicht mehr das allgemeine Gefühl, das er von
Natur hat, sondern es ist nun ein ihm oder seiner
Gattung eigenes Gefühl, nach dem er ein Wohlgefallen an Gegenständen findet.

Dieses

Diejenige Gegenstände, die seiner entwickelten Sittlichkeit entsprechen, sind ihm angenehm,
wenn sie in seiner Seele gewisse Ideen erregen, die
mit ihr in Verhältniß stehen. - Schön nennt er sie:
wenn die Thätigkeit, die sie in der Seele erregen,
mit ihren Kräften ein gleiches Maas hält, und dies
geschieht, wenn der Gegenstand von solcher Beschaffenheit ist, daß er Ideen erregt, die unsere Seele
leicht bestimmen. Warum nennen wir einen lichtblauen
Himmel schön? Weil die Ideen, die unmittelbar seiner Vorstellung folgen, daß wir einen heitern Tag zu
erwarten haben, der uns mit einer reinen Luft beleben,
der uns zum nähern Genuß der freien Natur einladen
wird, unsere Seele bestimmen. Hier sind die auf der
Vorstellung folgende Ideen nicht von der Mannigfaltigkeit wie bei dem Erhabenen. Sie verliehren sich
nicht in Dunkelheit; sondern sind von der Art, daß
sie die Seele nicht fern vom Gegenstande führen; oder
von der Art, daß sie als Nebeneigenschaften des Gegenstandes angesehen werden.

Jene zwei Quellen der Idee des Schönen, nehmlich das sinnliche und vernünftige Gefühl, müssen, da
sie bei dem ersten Schritte den unsere Erkenntniß
macht, ineinander laufen, auch ohnfehlbar eine Verschiedenheit in dem Urtheile gewisser Nationen über
das Schöne bewerkstelligen. Eine größere Schärfe
des sinnlichen oder vernünftigen Gefühls, ein höhe-

rer

rer Grad vom erſten oder letzten können hier das
Mehrſte beitragen. Allein dennoch nimmt man immer
jenes Gefühl der Ordnung, jene primitive Thätigkeit
des menſchlichen Geiſtes wahr.

Jene Einwohner von O Tahiti, von denen uns
Forſter erzehlt: daß ſie ſolches Wohlgefallen an
der Melodie einer Sackpfeife gefunden, haben eben
jenes Gefühl zur Ordnung, das nur ein Europäer haben kann. Daß aber ihr Ohr einen ſolchen Gefallen
an einer Melodie gefunden, die das Ohr des letztern
nicht ertragen kann; ſchreibe man vielmehr dem man-
gelhaften Verhältniſſe ihres ſinnlichen und vernünftigen Gefühls zu. Man macht den alten Aegyptern
den Vorwurf, daß ſie in ihrer Bildhauerkunſt und
Mahlerei deshalb nicht das Schöne erreicht, weil ſie
nicht die Natur nachgeahmt. Allein mit Unrecht.
Die Natur haben ſie nachgeahmt. Freilich nicht in
ſolchem Grade, der eine größere Erkenntniß ihrer vortreflichen Anordnung, Schicklichkeit und Symmetrie
erfodert. Daß ſie die Ohren über die Augen in den
menſchlichen Figuren abgebildet, zeigt vielmehr ihren
geringen Beobachtungsgeiſt in der Anatomie an *).
Hätten ſie aber die menſchliche Figuren in dem Sicht-
baren

*) Pauw Recherch. philoſ. ſur les Egypt. & les Chin.
T. 1. p. 254. vergl. Winkelm. Geſch. der K. des
Alt. Th. 1. S. 37.

baren verunstaltet, hätten sie sie z. B. verkehrt abgebildet, so hätte man vielmehr ein Mißtrauen in ihrem Gefühle zur Ordnung setzen können: denn die
Ideen von Größe und Verhältniß entspringen nicht
aus dem sittlichen Gefühle.

Das Gefühl zur Ordnung beurtheilt die Form,
das sittliche Gefühl aber die Gattung des Schönen.
Jenes erreicht immer hierdurch seinen Zweck, nehmlich
durch das Schöne ein Vergnügen zu empfinden, wenn
es die Kräfte der Seele bestimmt findet. Allein fortschreitende Bildung und Verfeinerung durch das sittliche Gefühl, giebt den thätigen Kräften einen Grad
von Festigkeit und Stärke, der ihre Thätigkeit höher
hinaufstimmt. Was ist die Folge hiervon? Die Seele
will eine wichtigere Beschäftigung haben, sobald ihre
Fähigkeit zunimmt. Sie wird von denen Gegenständen nicht mehr bestimmt, von welchen sie sonst bestimmt ward. Sie sucht, möcht' ich sagen, eine höhere Bestimmung.

Hieraus folgt: daß ein jeder Gegenstand, mit
dem sich unsere Seele beschäftigt, erstens, der Fähigkeit ihres sittlichen Gefühls gemäß sein, und zweitens
solche Eigenschaften haben muß, deren Betrachtung
ihre Kräfte nicht sehr zerstreuen, auch nicht allzuwe-
nig beschäftigen müssen, wenn er schön heissen soll.

Hier-

Hierdurch kam der tiefsinnige Baumgarten zu jener Realdefinition der Schönheit; daß sie Einheit im Mannigfaltigen sei. — Diese Definition scheint aber selbst jenen psychologischen Grundsätzen zu widersprechen. Denn giebt es nicht Gegenstände, die, ob sie gleich nicht Einheit im Mannigfaltigen zur Eigenschaft haben, dennoch schön genannt werden? Blos weil sie dem Vermögen und der Fähigkeit der Seele entsprechen? Hierüber drückt sich ein englischer Kunstrichter folgendergestalt aus: „Scharfsinnige Kunstrichter haben es nicht an Untersuchungen und Hypothesen fehlen lassen, um die Grundeigenschaft der Schönheit in den Gegenständen überhaupt zu entdecken. Besonders ist Einheit im Mannigfaltigen dasjenige gewesen, worin man das Wesen der Schönheit am sichersten zu finden geglaubt hat. Die Schönheit der verschiedenen Figuren läßt sich allerdings dadurch auf eine befriedigende Weise erklären. Allein man versuche es, diesen Grundsatz auf schöne Gegenstände anderer Art, zum Beispiel auf Schönheit der Farben oder der Bewegung anzuwenden, und man wird sogleich finden, daß er hier nicht an seiner Stelle ist *).“ Dieser Einwurf ist aber nicht so gegründet, als er es wirklich scheint, wenn man sich nehmlich mehr an dem Sinne als an den Worten der Erklärung halten will.

Ein

*) Hugo Blair Vorles. über Rhet. und schön. Wissensch. Th. 1. S. 129.

Ein Gegenſtand, ſelbſt ein ſichtbarer, kann einfach
ſein, und kann doch in unſerer Seele als mannigfaltig betrachtet werden. Ein Gegenſtand kann mannigfaltig ſein, und kann doch, als wäre Einheit darin,
angeſehen werden. — Zeigt dem Wilden eine rothe
Feder, er wird ſich freuen, er wird vor Freude hü-
pfen; ſo wird ſie ihn erquicken. Für einen gebildeten
Menſchen ein gemeiner, einförmiger Gegenſtand, iſt
für einen Wilden ein mannigfaltiger. Die Ideen, die
dieſe Feder in ihm erregt, ſich damit zu ſchmücken,
und dergleichen, geben dem Gegenſtande eine gröſſere
Mannigfaltigkeit, machen ſie ihm zu einem ſchönen
Gegenſtand. — Ueberfällt den Wilden mit einer
Menge unter einander geworfener Töne. Er wird ſie
mit ſolchem Vergnügen anhören, als wenn ein Kenner eine Manier von Lulli anhört. Dieſe Mannigfaltigkeit, die dem gebildeten Menſchen ermüdet, weiß
ſich der Wilde ſo zu ordnen, daß er durch ſie gleichſam zur Freude bewegt wird. — Eben ſo iſt auch bei
dem gebildetern Menſchen. Zeigt ihm etwas von den
Werken der Petitmaitres, die nur verhältnißmäßige
Figuren abzubilden zum Zweck hatten; ſo wird der
Kenner darüber weggehen, und zu den Werken eines
Rembrand oder Albrecht Dürer ſich hinwenden. Zu
Werken, die die Kunſt würdiger erſcheinen laſſen, wo
mehr Ausdruck und mehr Beziehung auf eine andere
menſchliche Erkenntniß ſtatt findet. Allein der
Nichtkenner wird bei jenen Kleinigkeiten ſtehen blei-
ben,

ben, und wird sie den Werken jener Künstler vorziehen.

Einheit im Mannigfaltigen ist Natur des Schönen. Wer diese Eigenschaft wahrnimmt, oder diese
Eigenschaft an einem Gegenstande wahrnehmen kann,
der empfindet das Schöne. Daher sagt Mengs in seinen vortreflichen Betrachtungen über die Schönheit
in der Mahlerei: daß die Vorstellung der Schönheit
von der Uebereinstimmung der Materie mit unsern
Begriffen entsteht *). Ein Gegenstand mag noch so
einförmig erscheinen; so hat er dennoch gewisse Eigenschaften, die manchen beschäftigen können, daß er
ihn auch mannigfaltig findet. Aber diese Mannigfaltigkeit darf sich bei dem Schönen nur so weit erstre-
cken, daß sie mit den Seelenkräften gleichen Schritt
hält. Die Bestimmung muß alsdenn mit einer Mäßigung von Statten gehen, daß Seele und Gegenstand
sich nicht zu unterscheiden wissen. Bleibend und deutlich muß die Bewegung sein, und der Gegenstand
selbst daher ganz faßlich und der Seele angemessen.
Mannigfaltigkeit muß er haben, um sie zu beschäftigen; Einheit, um sie nicht zu zerstreuen. Findet dies
die Seele an einem Gegenstande, dann wird sie ohnfehlbar eine deutliche Bestimmung erhalten, und ihn
schön nennen.

Unser

*) S. 8.

Unser Resultat wäre daher: daß der Mensch alles
das von Natur schön hält, was mit dem Gange seiner Thätigkeit gleichen Schritt hält, und seine Seele
deutlich bestimmt. Allein wenn seine Gefühle sich
koncentriren, und der Kreis seiner Ideen sich zu erweitern vermag, indem er mehrere Beziehungen unter
ihnen wahrnehmen kann, entwickelt sich in ihm ein
höherer Grad von Thätigkeit. Er sucht daher höhere
Eigenschaften, und auch diese nennt er dann schön,
wenn sie mit seinen Kräften gleichen Schritt halten,
und sie bestimmen. Will man nun, um unsere Urtheile zu verwirren, die Ideen, die die Chineser, O
Tahitier, oder Neuseeländer von der Schönheit haben, der unsrigen entgegensetzen; so brauchen wir nur
unsere und ihre sittliche Bildung auf die erste Grundsätze zurückführen, um zu zeigen, daß höhere Bildung,
höhere Ideen von Schönheit und Grösse erwecken.

Durch fortschreitende Bildung abstrahirt endlich
der Mensch gewisse Gesetze der Schönheit, den al-
denn alle diejenige Gegenstände unterworfen sind, die
er in dieser Rücksicht beurtheilt. Und diese sind nun
die Mittel, die ihm zum graden Wege stets führen,
ihn allda festhalten, daß er nicht ausschweife, und
sich in seinen Weg verliehre.

Ich könnte hier zu der eigentlichen Entwickelung
der Gesetze der Schönheit übergehen. Ich könnte sie
eben-

ebenfalls auf meinen psychologischen Grundsätzen an-
wendbar machen.   Allein dies ist hier ausser meinem
Zwecke.   Ich wollte die eigentliche Idee der Schönheit gegen diejenige retten, die keine zu haben scheinen, indem sie keine in der Natur und Kunst bestimmt,
wollen gelten lassen.

Ich will mich nun zu demjenigen wenden, was
meinem Zwecke näher kommt, und die verschiedene
Grade entwickeln, die in den Bewegungen statt finden,
welche die schöne Gegenstände uns zu erregen vermögen, die ich, vorläufig anzumerken, in prächtige,
schöne und reizende eintheile.

XVII.

XVII.

Die Grade der erquickenden Bewegungen, die wir nun näher betrachten wollen, sind nach den Gegenständen, die die Ursache davon sind, verschieden. Wir wollen uns zuerst zu denen wenden, die die Ursache des höchsten Grades derselben sind, nehmlich zu den prächtigen.

Wenn unsere Seele einen Gegenstand wahrnimmt, der nicht blos durch seine Einheit, sondern auch durch die Mannigfaltigkeit selbst, die in ihm herrscht, sie afficirt; so wird sie dadurch nicht blos in Aufmerksamkeit, sondern auch in gewisser Unthätigkeit versetzt, indem sie gleich auf solcher Art bestimmt wird, daß sie ganz im Gegenstande versenkt ist, und sich ihm ganz überlassen muß. Alle andere Sinne, alle wirksame Kräfte der Seele, scheinen stille zu stehen, und in einem einzigen Blick, wo man keine Zeitfolge gewahr wird, verschlungen zu sein *). Einen solchen Gegen-

*) Worte des Herrn Wieland in seinem philosophischen Werke dem Agathon.

M

Gegenstand nun, der sich der Seele so zu bemeistern
weiß, daß er sie unerwartet einnehmen kann, nenne
ich prächtig, und der erregt in der Seele jene Bewegung, die ich Entzücken nenne.

Das Entzücken, das sich eher vorstellen als be-
schreiben läßt, erklärt sich besser durch unser Aeußeres. Bei Erblickung eines Gegenstandes, der uns in
Entzücken setzt, dehnen sich alle Muskeln unsers Gesichts in einem mittelmäßigen Grade aus. Die Organe unserer Sinne, geben einen redenden Ausdruck
unsers innern Zustandes ab. Unsere Augen glänzen,
unser Mund zeigt ein verzogenes Lächeln, und alle
übrige Theile sind vom Gegenstande wie angezogen.
Sie sehnen sich alle mehr zur nähern Beschauung des
Gegenstandes. Wovon sie aber doch, wegen des
plötzlichen Eindruckes, den seine Gegenwart auf sie
machte, in etwas zurückgehalten werden. Alles dieses zeiget hinlänglich die Fülle unsers Vergnügens an.

Sehr meisterhaft hat uns Wieland jenen entzü-
ckenden Zustand des Agathon geschildert, in welchen
er durch die Versuchung der Danae versetzt wird. —
In einem eben solchen Zustande muß man bei dem
Anblick des prächtigen Schauspiels im Baux-Hall
zu London versetzt werden. — Und von solcher Beschaffenheit muß diejenige Bewegung gewesen sein, die
der Anblick der Bühne des Skaurus gewährt hat,

welche

welche nach dem Berichte der Alten, mit dreihundert
und sechzig Säulen, und mit einigen tausend Sta-
tuen geziert war.

Diejenigen Gegenstände, die uns in einem solchen
Zustande versetzen können, müssen ohnfehlbar solche
Eigenschaften haben, wodurch sie mit solcher Gewalt
über unsere Sinne herrschen.

In der That besitzen die prächtige Gegenstände
solche Eigenschaften, durch welche unsere Sinne so
bewegt werden, daß sie davon ganz hingerissen werden. Dies geschieht aber nicht blos durch die Einheit im Mannigfaltigen, sondern wenn das Mannigfaltige selbst auch noch die Eigenschaft hat, daß es,
vermöge des innern Gefühls, der Natur gefällt. Das
Glänzende und Lichte sind dergleichen Eigenschaften,
die die Sinne so schnell an sich zu ziehen vermögen
und der Seele eine Bewegung mittheilen, welche,
wenn sie an einem Gegenstande mit einer gewissen
geordneten Fülle angebracht werden, letztere leicht bestimmt, und sie in Entzücken versetzt.

Ein jeder prächtige Gegenstand ist mannigfaltig.
In seiner Mannigfaltigkeit beobachtet er Einheit,
d. h. die Mannigfaltigkeit ist von solcher Art, daß
wir sie uns deutlich darstellen. Sie wird blos erhöht
durch das Glänzende und Lichte, und wird befördert

M 2   durch

durch eine wohlgeordnete Fülle. Wir lieben daher
auch das Rauschende und Lärmende bei prächtigen
Gegenständen, und sie machen um destomehr Eindruck,
wenn unser Gesicht und Gehör zugleich dabei beschäftigt wird. Bei dieser süßen Betäubung unserer Sinne ist eben das Entzücken desto lebhafter.

Die Gewalt, die das Prächtige über die Seelenkräfte hat, sie so schnell in Bewegung zu setzen, kann
daher auch nur da statt finden, wo ihre Lebhaftigkeit
zu einem solchen Reize fähig ist. Wir sehn daher,
daß das Prächtige bei denen Menschen seine Wirkung
im höchsten Grade erreicht, bei denen mehr das Herz
als die Vernunft den Meister spielt, und die mehr
an einem Gegenstande, ohne Grund angeben zu können, Wohlgefallen finden. Das Entzücken, möchte
ich daher sagen, findet sich bei denen Menschen häu-
figer, deren Sitten und Geschmack noch nicht sehr
verfeinert sind. Fängt der Mensch an, in Verfeinerung seiner Sitten und seines Geschmacks zuzuneh-
men, so läßt er sich nicht mehr so hinreissen. Er
geht bei jedem Genusse bedächtlicher zu Werke. Er
urtheilt, ehe er genießt, und da wird sich nicht so
leicht das Entzücken seiner bemeistern können.

Es ist daher sehr schwer, daß einem Manne von
Geschmack oder Beurtheilungskraft eine Darstellung
des Prächtigen so leicht befriedigen kann. Denn die
ruhige

ruhige Thätigkeit seiner Seele, die immer nach gewissen Grundsätzen genießt, läßt ihn nie so leicht in solche lebhafte Thätigkeit gerathen, wenn die Gegenstände nicht jenen entsprechen. — Hingegen finden wir wiederum, daß prächtige Gegenstände, troß allen ihren Mängeln, vom gemeinen Haufen mit Begierde aufgenommen werden. Ihr inneres natürliches Gefühl für alles Glänzende und Lichte, Rauschende und Lärmende, allein nicht ein gebildeter und vom wahren Schönen unterrichteter Geschmack leitet sie.

Die Anwendung des Prächtigen in einem Werke der Kunst, in einem Gedichte oder in einer Rede, erfodert daher viel Genie und einen feinen Geschmack, damit man nicht in jene fehlerhafte Manier verfällt, die man gemeiniglich das Pretiöse zu nennen pflegt. Eine Steifigkeit oder Gezwungenheit in Figuren und Ausdrücken, pflegt gemeiniglich das Extreme beim Prächtigen zu sein. Viele wissen die Fülle, die in einem solchen Gegenstande herrschen muß, nicht zu ordnen. Der Gegenstand wird daher platt oder niedrig. Und bei aller Pracht, die verschwendet wird, ist immer das Misvergnügen bei dem Manne von Geschmack über die schlechte Anordnung überwiegender.

Um nun eine Probe zu geben, wie ausschweifend der Geschmack beim Prächtigen sein kann, wollen wir einige Anmerkungen über die ernsthaften Opern

M 3 der

der Italiäner machen, die sich mehrentheils nur solchen Beifall erworben haben, weil in ihnen aller or-
dentliche Luxus, und alle mögliche Pracht verschwendet wird, und sie die Sinne durch so mancherlei Ver-
änderungen afficiren und hinreissen können.

Mehrentheils giebt der Hang zum Prächtigen in
den erwähnten Schauspielen Anlaß, daß das wahre
Schöne vernachläßigt, das Schlüpfrige und für den
Geist unnahrhafte, das Enorme und Gleissende als
etwas Wichtiges angesehn werden. Was stickt aber
mehr dahinter, als einer eitlen Neubegierde, und
einer überspannten Einbildungskraft Genüge zu leisten? Auf den Mann von Geschmack wird das blos
wirken, was wirklich Geschmackvolles darin ist, allein
nicht jenes bunte Gepränge und wirwarmäßige Ge-
tümmel, welches das Aug und das Ohr des gemeinen Mannes zu fesseln pflegt.

Es ist wahr, die Energie des ernsthaften Sing-
spiels kann sehr groß sein, wenn die verschiedene Künste sich dazu vereinigen. Allein in dieser ihrer Ver-
gesellschaftung muß es Regel der Künstler sein, nicht
mit ihren Künsten auf uns zu wirken, sondern diese
sich selbst erst als Mittel zu bedienen, jene Energie
hervorzubringen, wodurch sie auf uns erst wirken
müssen. Ihre Gegenstände müssen nicht Kunst zeigen, sondern blos durch letztere erhoben werden. Ist

denn

denn ein künstlicher Geschmack ein richtiger? Ich behaupte vielmehr, jener ist es, der endlich alles Gefühl für das wahre Erhabene und Schöne verdrängt,
durch welchen der Geschmack für allen Ausdruck und
Pathos verlöhren geht, und endlich alles Gefühl für
die wahre schöne Künste und Wissenschaften unterdrückt wird. Sie werden ein Spiel kindischer Eitelkeit, indem der gute Geschmack unter die Füsse ge-
treten wird. Man sieht ihn nach und nach fallen.
Der menschliche Geist gewöhnt sich endlich am Kleinen
und Ueppigen, und erniedrigt sich selbst, indem er
vernachläßigt, was ihn erhoben.

Man kann die gute Seite der italiänischen Oper
nicht verkennen, wenn man die vortreflichen Anmerkungen, die Algarotti und Sulzer hierüber hinterlassen, durchblättert. Man wird da gute Aussichten
genung finden. Allein auch nur Aussichten, die uns
in Erfüllung kommen möchten, und die uns nicht
für ihr bisher, vielleicht Nachtheiliges für den guten
Geschmack entschädigen können.

Der Zweck der dramatischen Bücher ist: eine Energie hervorzubringen, wodurch der Mensch in Bewegung gesetzt, und dadurch aufmerksamer auf sich und
seinen mannigfaltigen Seiten gemacht wird. Gewisse
auf Erfahrung gegründete Mittel, Vortheile, und
verschiedene andere scharfsinnige Auswege werden er-

M 4   fodert,

fodert, diesen Zweck zu erreichen. Und eben diese
Erforderniſſe machen dasjenige aus, was wir allgemein Kunſt nennen. Die Kunſt iſt alſo ein Mittel,
wodurch die ganze Natur in ihren feinſten Zügen an-
ſchaulich dargeſtellt wird. Wenn ich nun eben dieſe
Kunſt ſelbſt darſtelle; wenn ich mich blos als Meiſter
in jenen Vortheilen und Ordnungen zeige, ſo verliehre ich ſelbſt den Zweck der Kunſt aus den Augen, und teuſche die Geſellſchaft mit einem Blend-
werke.

Nimmt aber der Geſchmack an einer ſolchen Manier überhand, ſo liegt auch das Gefühl für das
wahre Schöne in den letzten Zügen. Ein jeder fängt
an, das Handwerksmäßige an der Kunſt zu lieben.
Man will nichts von Energie in der Kunſt wiſſen.
Man ſucht das Gedrechſelte. Alle natürliche Wärme
für die Kunſt geht verlohren. Man ſucht nicht, ſich
durch ſie zu veredeln, man faſelt blos mit ihr.

Betrachtet man aus dieſem Geſichtspunkte die ita-
liäniſche Oper; ſo findet man ebenfalls, daß in der
mannigfaltigen Vereinigung der verſchiedenen Künſte
in derſelben, ein jeder Künſtler in ſeiner Kunſt zu
prangen ſucht. Sie ſtralen nicht gemeinſchaftlich, eine
vereinigte Energie hervorzubringen. Man ſieht daher
nur Kunſtwerke allein, nicht ein Werk der Kunſt.
Die Künſtler wollen nur durch Erfindung glänzen,
allein

allein nicht durch Beobachtung. Sie bieten alle Kräfte
auf, um das Verführende und Prächtige darzustellen. Allein eben dadurch sieht man das Steife und
Gezwungene, das Ueberladene und Pretiöse selten
fehlen. Durch solches Blendwerk wird der menschliche Geist, der, wie der tiefsinnige Rousseau sagt,
mehr an einen schlechten als guten Geschmack sich
hängt, geblendet, und so wird ihm alle Rücksicht auf
das in der That Schöne und Gute, Natürliche und
Ungezwungene, das erst durch die Kunst hervorgebracht
werden kann, von den Augen entrückt.

Wenn wir uns nun an das zurückerinnern, was
wir in Ansehung des Prächtigen gesagt haben, weshalb es solchen Eindruck auf uns zu machen vermag;
so werden wir hier auch leicht die Ursachen entwickeln
können, weshalb das Feierliche solchen Eindruck auf
uns machen kann. Das Feierliche vereinigt Pracht
mit Stille. Stille ist ein Erforderniß des Erhabenen; das Feierliche wird daher mehr Hinterhalt haben. Es wird uns in Ehrfurcht versetzen, die aber
die Pracht, die dabei herrschen muß, zugleich belebt
und erheitert. Wir werden uns zwar erheben, allein
auch in Entzücken finden, und indem wir im Gegenstande versenkt sind, werden wir einen solchen Grad
von Bewußtsein erhalten, der uns diejenige Bewegung
erregen wird, die wir Andacht nennen.

Wir

Wir werden daher auch dieser Bewegung zu Theil, wenn wir Gottesdienstliche Orte besuchen, Leichenbegängnisse großer Männer beiwohnen. Die gewöhnliche Pracht und die ehrfurchtsvolle Stille, die gemeiniglich an solchen Orten herrscht und beobachtet wird, nimmt uns ein, und giebt uns jene Stimmung der Andacht, die durch das Erhabene und Prächtige vermischt entsteht. Von der Art ist die Bewegung, wenn wir in die Peterskirche zu Rom treten. Die Stille, welche herrscht; der Ernst, der auf einer jeden Miene ausgedrückt ist, vereinigt mit dem Glanze, der das Aug und das Ohr entzückt, welcher feierliche Anblick! der die Seele hinreißt, zu jenem ehrfurchtsvollem Entzücken, in welchem ihr, sich selbst ergeben, alle ihre geheimste Wünsche entgehen.

Die Hersteller des öffentlichen Gottesdienstes haben daher immer gesucht, seine Erhabenheit, die für den gemeinen Haufen zu abstrakt sein möchte, durch das Prächtige zu versinnlichen, und daher entstand mehrentheils das Feierliche beim öffentlichen Gottesdienst, das ihn so anziehend macht.

Das Feierliche sehen wir nun, ist näher mit dem Erhabenen verwandt, als das Prächtige; wir werden deshalb hieraus einigermaßen bestimmen können, in wiefern das Prächtige und Feyerliche in den Werken der

der Kunst, die eine hohe Energie erreichen wollen, anzuwenden ist.

Das Prächtige ist beinahe das Gegentheil vom Erhabenen. Dies will Einfalt, Ausdruck und Bedeutung haben; jenes hat Mannigfaltigkeit, Zierde und Schmuck. Erhaben kann und darf der Künstler eines energischen Werkes nicht immer sein. Im ersten Falle ist es die Seltenheit eines solchen Genies, im andern Falle verliehrt das Erhabene selbst dadurch seine Energie und Wirkung. Das Prächtige wiederum, das wie wir gesehen haben, dem Künstler nur ein Mittel ist, einen Gegenstand in lichten Farben zu setzen, wird ihn auch nachtheilig, wenn er zu anhaltend Gebrauch davon macht. Das Feierliche aber, das einestheils beide, das Erhabene und die Pracht vereinigt, ist für den Geist also gesunde Nahrung, und der Künstler bedient es sich, nicht allein die Stärke, sondern auch die Größe seines Geistes zu zeigen. Es ist der Schmuck, womit er seine Kunst, wenn er es nicht wagen will, sie oft nackt hervortreten zu lassen, ziert, es ist ein Mittel, wodurch er ihm eine große Energie giebt. Es möchten daher auch überhaupt immer mehr feierliche als prächtige und erhabene Werke der Kunst aufgezählt werden können.

Ich könnte die Anwendung meiner Behauptung auf einer jeden der schönen Künste insbesondere machen, allein ich will mich nur an einer halten.

Die

Die Poeſie iſt ſo wohl des Prächtigen als des Erhabenen fähig, allein in welchem Grade? Das Erhabene bildet ſich mehrentheils durch den Ausdruck in
Gedanken; das Prächtige durch den Ausdruck der
äuſſern Mannigfaltigkeit; in der Poeſie durch Worte.
Das Prächtige iſt alſo hier auch ein Mittel, wodurch
der Dichter einen Gegenſtand in lichten Farben zu ſetzen ſucht. Haſcht er nun zu emſig nach dieſem Mittel; ſo verliehrt er ſich in jener faden Schilderungs-
ſucht, die ſowohl die Armuth ſeines Geiſtes, als die
abgeſtumpfte Energie ſeiner Kunſt zeigt. Wenn Boi-
leau einen Dichter tadelt, der von ſeinem Gegenſtande allzueingenommen, nicht davon kommen kann, ihn
von allen Seiten zu beſchreiben; ſo meint er ihn ohnfehlbar von der Art *). So feierlich Thomſon und
Kleiſt dichteten, ſo ſehr ſie ſich dem Erhabenen zu
nähern ſuchten, ſo werden ſie dennoch in denjenigen
Stellen oft getadelt, wo ſie allzuprächtig ſein, und
uns ein Schauſpiel der Natur zu lebhaft darſtellen
wollten, wo ſie, wie geſagt, ſchilderten; und Leſſing
verſichert uns ſo gar vom letztern; daß er ſich auf ſeinen Frühling das wenigſte eingebildet, und daß er
ihn, wenn er länger gelebt hätte, eine andere Geſtalt
würde gegeben haben **).

Beim

*) l'Art poetique Ch. I, v. 49.

**) Laokoon S. 175.

Beim Erhabenen aber, daß auch in der Poeſie
blos ſeinen Werth in einer Stärke der Ideen hat,
darf der Dichter nicht in Worten zu anhaltend ſein,
er darf nur einen Augenblick dabei verweilen, und
dieſer Augenblick kann den andern Theilen ſeines Werkes wohl Nachdruck geben, wenn er dieſe geſchickt
mit ihm zu vereinigen weiß. Beſitzt er nicht dieſen
Scharfſinn; ſo iſt der erhabene Ausdruck ein Purpur-
lappen, der unter der übrigen ſchlechterfarbigten her-
vorleichtet *). So finden wir oft im Lucan und Ovid
ſolche erhabene Stellen, die ganz abgeſondert zu ſtehen ſcheinen. Es ſind Meteore an einem wolkigten
Himmel, ſie glänzen an und für ſich, und ſie ſind
unvermögend, dem Werke, wegen ihres ſchlechten
Standpunktes, eine Würde zu geben.

Beides, ſowohl das Prächtige als Erhabene, würden dem Dichter enge Gränzen ſetzen, wenn er eine
hohe Energie erreichen will. Denn ſo vortheilhaft
ſie für ihn in der ſchicklichen Anordnung ſind, ſo nachtheilig ſind ſie ihm, wenn er ſie allzuoft iſolirt ge-
braucht. Er muß daher einen Grund erfinden oder
wählen, worauf ſie beide nicht zu ſehr abſtechen, oder
ſich

---

*) Anſpielung auf der Stelle im Horaz.

    Purpereus, late qui ſplendeat, unus & alter

    — Pannus —

    Sed — non erat his locus.

sich darin verliehren können. Das Feierliche halte
ich daher am schicklichsten für diesen Grund. Es vereinigt Pracht mit Erhabenheit, und eins mäßigt immer die Energie des andern. Daher entsteht in
der Poesie der feierliche Gang der Ode, der Epopöe
u. s. w. Erhabene Ideen durch prächtige Worte erläutert und versinnlicht.

Das Feierliche zeigt sich daher in den hohen energischen Werken der Poesie in ihrem Innern und Aeussern. Es giebt ihnen das Liebliche und zugleich Erhabene, wodurch ihre Energie richtiger und dauern-
der wird.

Ich möchte daher immer zum Künstler hoher ener-
gischer Werke sagen: suche das Erhabene, wähle das
Prächtige, und halte das Feierliche.

XVIII.

XVIII.

Wir haben nun den höchsten Grad der erquickenden Bewegungen entwickelt, und gehen nun zu einem niedrigern Grade über. Von jenem waren die prächtige, von diesem sind die schöne Gegenstände die Ursache.

In jenen allgemeinen Betrachtungen, die wir über das Schöne *) angestellt, haben wir uns von ihrem

Dasein

---

*) Wir behalten immer den Ausdruck schön bei, und bedienen uns mit Vorsatz nicht der abstrakten Idee. von Schönheit. Das Schöne ist das Subjekt der Schönheit, und wir können im Grunde nur immer das Subjekt einer abstrakten Idee entwickeln. Das Subjekt, das aus vereinten Eigenschaften besteht, findet aber nie in der Abstraktion seine völlige Idealität, allein wohl in dem Objekt, denn dieser ist der bildliche Ausdruck jener. Ich glaube, daß sich hieraus sehr gut die misrathenen neuern Streitigkeiten und Entscheidungen über Wahrheit erläutern lassen. Indem man die Wahrheit entwickeln wollte, analysirte man nur sein Subjekt: das Wahre; und das fand sich daher sehr gut, da es aus conirten Eigenschaften besteht, seine objektive Bestimmung. Allein das Objekt oder Kriticum der Wahrheit selbst fand man nicht.

Man

Dafein zu überzeugen gefucht. Wir fchrenken uns daher jetzt auf ihre objektive und primitive Grundlinien
ein, und wollen näher den Einfluß zu beftimmen fuchen, dem es auf uns abgefondert, von allen aefthe-
tifchen Eigenfchaften hat.

Daß das Schöne vom Prächtigen verfchieben ift,
wird keiner in Abrede feln. Allein nicht feiner Natur,
fondern nur dem Grade nach. Nicht infofern der Eindruck, den es verurfacht, angenehm oder unangenehm
ift, fondern infofern es einen Grad weniger lebhaft
ift. — Durch den Eindruck, den ein fchöner Gegenftand auf unfere Seele macht, faßt fie denfelben mit
allen feinen Theilen, fie wird dadurch in völliger Be-
ftimmung gefetzt, oder erhält einen feften Standpunkt.
Und ich möchte fagen: die Seele fühlt den leifen
Schlummer aller ihrer Kräfte, die ganz im Gegen-
ftande verfenkt find, ganz an ihm haften. Die Seele
ift fich eines fanften Reizes bewußt, wodurch fie gerührt wird. Dies verurfacht ihr das Vergnügen und
innere Wohlgefallen, das ich glaube, völlig durch
Wonne auszudrücken.

Die Wonne ift hierin von dem Entzücken verfchieben, daß fie nicht fo lebhaft ift, und fich überhaupt
erft

Man wird daher wohl immer das Subjekt der Wahrheit,
allein nicht ihr Objekt oder Critarium beftimmen können;
fo wie man das Subjekt der Schönheit, allein nicht ihr
Objekt oder Critarium wird beftimmen können.

erst entwickelt, wenn die Seele hinlänglich mit dem
Gegenstande bekannt ist und ihn gefaßt hat. Wonne
entwickelt sich auf der Betrachtung. Es ist gleichsam
das Resultat derselben. Wenn wir einen Gegenstand
erblicken, setzt er uns nicht gleich in Wonne; sondern
wenn wir ihn von allen Seiten beobachtet haben, dann
gewährt uns sein Anblick jene angenehme Bewegung.

Ich finde daher wirklich, daß der gebildete Theil
der Menschen, der mehr zur Betrachtung aufgelegt
ist, eher dieser Bewegung fähig ist, und eher das
wahre Schöne an und für sich wahrnimmt.

Das Aeussere in unserm ganzen Wesen während
der Wonne zeigt hinlänglich, daß sie nicht so lebhaft
als das Entzücken ist. Wir sehen denjenigen der darin
versetzt ist, nicht in solche schnelle und perplexe Bewegung seiner Gliedmaßen gerathen; sondern sie sind in
ganz nachläßigen Zustande, und sie scheinen alle am
Faden der Empfindung zu hangen, der sich im Her-
zen entwickelt, welches der eigentliche Aufenthalt der
Wonne zu sein scheint, und daß wir daher auch stets
emporgehoben, und wie vom Gegenstande angezogen,
wahrnehmen.

Der Denker, der Beobachter, der einen schönen
Gegenstand wahrnimmt, wird nicht in Entzücken dadurch versetzt werden; sondern er wird betrachten,
und während dieser Betrachtung wird er sich endlich
in jene Trunkenheit des Geistes verliehren, das den
vollkommensten Zustand ausmacht, worin er sich befinden kann.

N   Dieser

Dieſer Zuſtand iſt daher oft der Genuß des Wei-
ſen, der ihm zur Belohnung ſeiner aufgewandten
Kräfte verliehen iſt. Die tiefſinnige Wahrheiten die
er im Reiche der Natur, der ſittlichen oder ſpekula-
tiven Welt auffindet, gewähren ihm jenes Vergnügen, und das im größern Maaße, je höher der Grad
des Schönen iſt, d. h. je größere Beſtimmung ſie den
Seelenkräften verleihen. Je höher daher die Bildung
des menſchlichen Geiſtes iſt, deſto energiſcher genießt
er die reine Schönheit, abgeſondert von allen andern
Eigenſchaften. Iſt nun das Schöne ein Werk der Betrachtung, ſo erfodert es auch, um es wirklich zu empfinden, eine Seele, die aufgelegt zum Beobachten
und Denken iſt. — Ein Beiſpiel geben uns die Werke
des Raphael, des größten Mannes, den der Genius
der Mahlerei in neuern Zeiten hervorgebracht. Bei
ſeinen Werken, die beim erſten Anblicke nicht hinreiſ-
ſen, und die überhaupt nach dem Urtheile einſichts-
voller Reiſenden, im Anfange das nicht verſprechen,
was man darin ſucht, ſteht der wahre Kenner, betrachtet, unterſucht, entdeckt immer neue Schönheiten, und lernt immer mehr von ihnen.

Das Schöne will betrachtet ſein. Es läßt ſich ſowohl in Natur als Kunſt nicht ſogleich finden. Hat
es der Beobachter oder Künſtler ganz gefunden; ſo
hat er zugleich den Schlüſſel zu ihrem höchſten Zwecke
zu gelangen, und einen Faden, nach welchem er alle
Eigenſchaften zur Erregung des Wohlgefallens ordnen kann. — Hierin beſteht eben die Energie des
Genies

Genies, es macht sich bald mit dem eigentlichen Schönen bekannt, es bildet sich ein Ideal, und entwickelt
selbiges verhältnißmäßig in allem was es schaft und
worüber es nachdenkt *).

Keppler und Newton haben eher das Schöne in
dem Weltsystem empfunden, ehe sie sich von selbiger
durch mathematische Demonstrationen überzeugt haben. Phydias und Praxiteles sind eben diesen Weg
gegangen. Sie haben erst das Schöne empfunden,
ehe sie es ausgeführt. Ja ich behaupte, daß das
Schöne sie allein angetrieben hat, bleibende Denk-
mäler ihres großen Genies zu hinterlassen, und daß
sie da, wo sie nicht bildlich sein konnten, jene das
Abstrakte, und diese das Erhabene anbrachten, um
die Lücken auszufüllen, die die Darstellung für die
mehrsten Beobachter des Schönen hinterlässet.

Bei allem Dichten und Trachten kommt der Mensch
darauf immer zurück, seine Seelenkräfte bestimmt zu
sehen. Das Denken ist ihm ein Nothmittel, das er
aufsuchen muß, um seine sich immer mehr entwickeln-
de Bildung Gnüge zu leisten, und seine dadurch un-
terbrochene Bestimmung, so hoch als möglich, zu
bringen.

Das Schöne betrachte ich daher als primum mo-
bile der menschlichen Natur. Es treibt den menschlichen Geist zur Thätigkeit, um ihm von neuen bestimmt

N 2   zu

*) Man könnte hieraus sehr fruchtbar die Ausschweifun-
gen des Genies entwickeln.

zu sehen; und wir bleiben nur so lange auf der rech=
ten Bahn; so lange wir in Rücksicht jener in Aktivi=
tät sind, und ihre Gesetze nicht übertreten. Nimm
daher, lieber Leser, eine jede Wahrheit, in welchem
Reiche des Wissens und Daseins du willst, läßt sie
sich auf die Gesetze des Schönen zurückbringen; so ist
sie für uns wahr; kann diese Anwendung nicht ge=
macht werden, so steht sie an und für sich wie ein
Gerippe, der menschliche Geist hängt nicht feste an
ihr, erschrickt dafür, wenn er sich nicht in seinem Ge=
fühle davon überzeugen kann.*).

Wir nennen daher immer das schöner, was sich
dem Grundprincip der Schönheit am schnellsten nä=
hert, d. h. was uns am nächsten bestimmt. Büffons
Cosmologie nennt man daher allgemein schöner als
Newtons. Nur da, wo der erstere einem großen
Geiste Lücken hinterläßt, sind die algebraische Formeln
des letztern schöner.

Daher

*) Der Unterschied der zwischen Schönheit und Wahrheit
statt findet, kann den Psychologen in so fern wichtig
sein, als sie verschiedene Kräfte in Thätigkeit setzen.
Schönheit setzt die Phantasie, Wahrheit die Vernunft
in Thätigkeit. Allein indem wie wir durch sie in Bewe=
gung gesetzt werden, kann kein Unterschied statt finden.
Der Weise, der Meßkünstler genießen eben das Vergnü=
gen, das der Virtuose genießt. Beider Werke müssen
sich auf den primitiven Gesetzen des sittlichen Gefühls
können zurückbringen lassen, und das sind die Gesetze der
Schönheit selbst.

Daher kommt es endlich, daß, wenn der menſch
liche Geiſt ſein Gefühl zum Schönen eine hohe Bildung gegeben, oder wenn er genung beobachtet, daß
alsdenn der Unterſuchungsgeiſt verſchwindet, und er
ganz zu ſeinem Grundprincip zurückkehrt, daran haf-
tet, und gleichſam die Frucht ſeiner Arbeit genießen
will. Das was man im Leibnitz und Newton wahr
gefunden, hat keine Lücken mehr, das Gefühl hat
ſich daran gewöhnt, es findet nichts Abſtraktes mehr
darin, und es wird für ihn ſchön.

So entſteht der Verfall des tiefſinnigen Denkens.
Der Menſch iſt gebildeter, er iſt mehr Menſch, er
concentrirt alles Schöne in ſich. Allein da er nie den
höchſten Grad der Bildung fähig iſt; ſo findet man
während dieſes Zeitpunkts noch immer einige Indivi-
dua beſchäftigt, neue Wahrheiten im Kreiſe der
Schönheit einzupaſſen. Hier finden ſie erſt Schwierigkeiten. Sie gerathen mit den Geſetzen des Schönen in
Kolliſion. Sie fangen ſie an mit jenen zu vergleichen,
und finden Widerſprüche auf Widerſprüche. Die übrige
Menſchen erwachen wie aus einem Traume, ſie wiſſen
nicht Grund und Folge von den Dingen anzugeben: d.
h. die Philoſophie hat ihre Demonſtration vergeſſen.

Die denkende Geiſter bilden nun eine Anarchie, der
Skepticismus findet eine Bahn. Der menſchliche Geiſt
ſchwimmt auf einen Strom gegeneinander ſtreitende
Ideen. Dies bildet eine Revolution in der ſittlichen
Welt, und ſo entſteht der Verfall des Gefühls für das
wahre Schöne.

N 3 Das

Das Schöne befördert alſo den höchſten Zweck des ſittlichen Gefühls. Jemehr jenes geläutert wird, jemehr verfeinert und befeſtigt ſich dieſes. Allein, es bleibt bei allem dem immer ſeinem primitiven Geſetze treu, daß es einen Gegenſtand, der ihr am ſchnellſten beſtimmt, für den ſchönſten hält.

Die ſchöne K. und W. haben daher in dieſer Rückſicht eine größere Energie. Die Seele braucht ſich da nicht allzuſehr anzuſtrengen. Sie beſtimmen die Seele gleich. Sie nimmt eher das wahr, was ſich zu ihr ſchickt, ſie ſind daher fähiger, das Schöne darzuſtellen. Allein die ernſten Wiſſenſchaften ziehen immer die Seele von ihrem höchſten Zweck ab, ſie kann ſich nicht gleich beſtimmen, ſie muß eine angeſtrengte Thätigkeit üben, nur das Reſultat beſtimmt ſie endlich, und dann iſt das Schöne auch hier zu finden, und ſein Genuß für die Seele eben ſo labend.

Hier kann man nun den Grund angeben, weshalb bei einer zu ihrer Bildung übergehende Nation immer die erſten Wiſſenſchaften ſo einig mit dem Schönen verkettet ſind. Der Dichter, der Barde haben alle ihre Kenntniſſe inne. Der menſchliche Geiſt iſt da noch zu ſchwach zum anhaltenden Denken, und iſt fähiger zur lebhaften Vorſtellung, höchſtens zur Betrachtung.

Iſt aber das Schöne an und für ſich Gegenſtand der Betrachtung; ſo geſchieht es daher vielleicht abſichtlich, daß es in Natur und Kunſt nie in ſeiner wahren Geſtalt erſcheint. Seichte Köpfe haben es daher für ein Unding erklärt

erklärt, und ein Ideal desselben ist manchem noch so etwas Widersprechendes wie ein viereckigter Cirkel.

Der Mensch ist nun an und für sich nicht vermögend, den höchsten Grad des Schönen wahrzunehmen oder darzustellen. Es giebt daher einige Gegenstände in der Natur und Kunst, die als eigentlich schön könnten angesehen werden. Bald erscheint das Schöne mit dem Erhabenen, bald mit dem Großen oder Reizenden vereinigt. Wir sehen daher kein Schauspiel in der Natur, das nicht außer dem Schönen noch andere Eigenschaften hat. Wir sehen kein Werk der Kunst, das nicht mit dem Schönen, Erhabenheit und Reiz verknüpft. Eine mediceische Venus, oder ein Antinous, die als die höchste Schönheiten gepriesen werden, besitzen Eigenschaften, die eine andere Quelle haben. Bei ihrer Schönheit haben beide verschiedene Eigenschaften, jene einen Reiz, und diese etwas Edles, die unserm Vergnügen bei jedem dieser Werke einen andern Standpunkt geben. Das Schöne ist immer mit Eigenschaften verkettet, die unsere Seele in heftigere Bewegung zu setzen vermögen, oder keine Betrachtung erfodern. Wie zweckmäßig ist dies nicht für die menschliche Natur! Wie viel Menschen sind zur Betrachtung aufgelegt!

Wir nennen daher oft Gegenstände schön, in denen ganz von dem Schönen heterogene Eigenschaften herrschender sind. Diese Methode aber führt uns, wie wir gesehen haben, endlich zur Erkenntniß des primitiven oder abgesonderten schönen, oder kann Mittel dazu abgeben. Deshalb sagt auch schon der große Winkelmanns.

mann; daß das Schöne von größerm Umfange sei; als die Schönheit selbst, weil das letztere blos auf Bildung geht, jenes aber sich auf alles erstreckt, was gedacht, entworfen und ausgearbeitet wird *).

Wegen dieser allgemeinen Richtung des menschlichen Geistes sind daher auch alle Kunstrichter genötigt, die eigentliche Gesetze des Schönen, auch auf die übrige Eigenschaften des blos Angenehmen, so viel es thunlich ist, anzuwenden, um den Künstlern eine Richtschnur zu geben, nach welchen sie alle Werke bearbeiten sollen, um sie so angenehm zu machen, als es nach den Gesetzen der Schönheit möglich ist.

Und diese Gesetze haben alle Kunstrichter bis zum Eckel wiederholt. Die alle darauf hinauslaufen: daß das Schöne Ordnung, Verhältniß, Uebereinstimmung und Simplicität haben muß. Gesetze, die nichts als den Gang der thätigen Kräfte karakterisiren, und Anleitung geben, den höchsten Grad der Bestimmung in unsern Seelenkräften zu befördern.

Wir haben bisher diejenigen Grade der erquickenden Bewegungen entwickelt, die sich auf das Prächtige und Schöne gründen, und in unsern nächsten Aufsätzen wollen wir unter andern noch einen Grad untersuchen, der die Wirkung beider erwähnter Eigenschaften in gewisser Rücksicht in sich vereinigt, und von dem die Ursache das Reizende ist.

*) Von der Fähigkeit der Empfindung des Schönen in der Kunst S. 7.

Ende des ersten Theils.